做个法律明白人

农村妇女权益保障法律手册

（实用问答版）

法律出版社司法实务中心　编

法律出版社
LAW PRESS · CHINA
北京

图书在版编目(CIP)数据

农村妇女权益保障法律手册:实用问答版 / 法律出版社司法实务中心编. -- 北京:法律出版社,2022(2025.5 重印)
ISBN 978-7-5197-6532-3

Ⅰ.①农… Ⅱ.①法… Ⅲ.①农村-妇女权益保障法-中国-问题解答 Ⅳ.①D922.75

中国版本图书馆 CIP 数据核字(2022)第 044127 号

农村妇女权益保障法律手册(实用问答版) **NONGCUN FUNÜ QUANYI BAOZHANG FALÜ SHOUCE(SHIYONG WENDABAN)**	法律出版社司法实务中心 编	**策划编辑** 周 洁 林 蕊 **责任编辑** 周 洁 林 蕊 **装帧设计** 李 瞻

出版发行 法律出版社
编辑统筹 司法实务出版分社
责任校对 晁明慧 王 皓
责任印制 胡晓雅
经　　销 新华书店

开本 880 毫米×1230 毫米 1/32
印张 4.5　**字数** 105 千
版本 2022 年 4 月第 1 版
印次 2025 年 5 月第 7 次印刷
印刷 永清县金鑫印刷有限公司

地址:北京市丰台区莲花池西里 7 号(100073)
网址:www.lawpress.com.cn
投稿邮箱:info@lawpress.com.cn
举报盗版邮箱:jbwq@lawpress.com.cn
销售电话:010-83938349
客服电话:010-83938350
咨询电话:010-63939796

书号:ISBN 978-7-5197-6532-3
定价:35.00 元
凡购买本社图书,如有印装错误,我社负责退换。电话:010-83938349

编写说明

我国《宪法》庄严宣告："中华人民共和国妇女在政治的、经济的、文化的、社会的和家庭的生活等各方面享有同男子平等的权利。"中国妇女是建设新时代中国特色社会主义的重要力量。随着我国经济社会的快速发展，妇女权益的保障水平也不断提高。

然而，在部分地区，特别是农村地区，还存在妇女权益保障意识不强、保护力度不够的问题。大力加强农村妇女权益保障法治宣传，让更多人知法、懂法、守法、用法、护法，让农村妇女有能力、有办法依法维护自身权益，切实感受到公平正义就在身边，是非常有必要的。

为了给农村妇女权益保障提供好读、实用的普法读物，我们聚焦群众关心的妇女人身权益保障、反家庭暴力等热点问题，结合《民法典》婚姻家庭编及相关司法解释的最新规定，编写了本书。

本书主体部分以《妇女权益保障法》的规定为基础，分为基本规定、政治权利、文化教育权益、劳动和社会保障权益、财产权益、人身权利、婚姻家庭权益、法律责任八个部分。每个部分结合《宪法》《劳动法》《农村土地承包法》《刑法》《治安管理处罚法》《反家庭暴力法》《民法典》等法律及相关司法解释的规定进行丰富和扩充，内容翔实、细致。另外，本书最后增加了常用法律范本、维权热线和网站作为实用工具，方便读者使用。

本书语言通俗易懂，尽量还原农村妇女的生活场景，并采用以案说法和问答的形式，案例源于真实生活，既有利于农村妇女学习理解，又便于其学以致用，在生活中以法律维护自身权益。

在问题的选取上，本书力求覆盖农村妇女这一特定群体应知应会的维权知识，针对大家关心的农村土地承包法律权益、家庭暴力、性侵犯及如何维权等问题进行了细致、深入的介绍。

由于编者能力有限，难免存在疏漏和不尽如人意的地方，敬请读者批评指正。

编　者

2022年3月8日

目 录 Contents

一、基本规定

1. 什么是男女平等？我国法律对于男女平等是如何规定的？

男女平等原则是我国的一项基本国策，在《宪法》和《妇女权益保障法》中都有明确规定。

《宪法》规定，中华人民共和国妇女在政治的、经济的、文化的、社会的和家庭的生活等各方面享有同男子平等的权利。国家保护妇女的权利和利益，实行男女同工同酬，培养和选拔妇女干部。

《妇女权益保障法》进一步规定，妇女在政治的、经济的、文化的、社会的和家庭的生活等各方面享有同男子平等的权利。实行男女平等是国家的基本国策。国家采取必要措施，逐步完善保障妇女权益的各项制度，消除对妇女一切形式的歧视。国家保护妇女依法享有的特殊权益。禁止歧视、虐待、遗弃、残害妇女。

2. 我国妇女享有哪些权益？

《妇女权益保障法》明确规定了我国妇女享有的六项权益：

（1）政治权利。

（2）文化教育权益。

（3）劳动和社会保障权益。

（4）财产权益。

（5）人身权利。

（6）婚姻家庭权益。

3. 妇女组织在保障妇女权益方面具体有何作用？

我国妇女组织主要是中华全国妇女联合会和各级妇女联合会，其代表妇女积极参与国家和社会事务的民主决策、民主管理和民主监督，以代表和维护妇女权益、促进男女平等和妇女全面发展为基本职能。

根据《妇女权益保障法》的规定，妇女组织有保障和维护妇女合法权益的职能。具体表现为：（1）妇女的合法权益受到侵害的，可以向妇女组织投诉。妇女组织有权要求并协助有关部门或者单位查处。（2）妇女组织对于受害妇女进行诉讼需要帮助的，应当给予支持。（3）妇女联合会或者相关妇女组织对侵害特定妇女群体利益的行为，可以通过大众传播媒介揭露、批评，并有权要求有关部门依法查处。

《妇女权益保障法》

第七十三条 妇女的合法权益受到侵害的，可以向妇女联合会等妇女组织求助。妇女联合会等妇女组织应当维护被侵害妇女的合法权益，有权要求并协助有关部门或者单位查处。有关部门或者单位应当依法查处，并予以答复；不予处理或者处理不当的，县级以上人民政府负责妇女儿童工作的机构、妇女联合会可以向其提出督促处理意见，必要时可以提请同级人民政府开展督查。

受害妇女进行诉讼需要帮助的，妇女联合会应当给予支持和帮助。

二、政治权利

4. 妇女有选举权吗？妇女如何行使选举权？

甲村村口近期张贴了一张关于村人大代表选举的公告，村民议论纷纷，讨论选举人大代表是什么意思。村委会主任小贾见状，主动承担起了普法任务，挨家挨户宣传人大代表选举知识。胡大妈听了小贾的介绍，疑惑地问："那我们妇女也可以投票给想支持的人吗？"

我国《宪法》第 34 条规定了公民的选举权与被选举权，凡是年满 18 周岁并未被依法剥夺政治权利的公民都有下列权利：(1) 投票选举自己所在选区的人大代表；(2) 被选举为自己所在选区的人大代表；(3) 监督和罢免所在选区的人大代表。同时，根据《宪法》《妇女权益保障法》的规定，妇女与男子享有平等的选举权和被选举权。因此，妇女有选举权。

妇女行使选举权要注意的是：(1) 要进行选举登记。(2) 实行无记名投票，一人一票。(3) 妇女可以自由地行使选举权。(4) 人大代表受选民和原选举单位的监督。选民或者选举单位都有权罢免自己选出的代表。

《宪法》

第三十四条 中华人民共和国年满十八周岁的公民，不分民族、种族、性别、职业、家庭出身、宗教信仰、教育程度、财产状况、居住期限，都有选举权和被选举权；但是依照法律被剥夺政治权利的人除外。

《妇女权益保障法》

第十二条 国家保障妇女享有与男子平等的政治权利。

第十四条 妇女享有与男子平等的选举权和被选举权。

全国人民代表大会和地方各级人民代表大会的代表中，应当有适当数量的妇女代表。国家采取措施，逐步提高全国人民代表大会和地方各级人民代表大会的妇女代表的比例。

居民委员会、村民委员会成员中，妇女应当有适当的名额。

5. 妇女可以参选人大代表吗？

甲村村委会主任的儿子小王在乙县工作、生活，他被选为乙县人大代表。小王过年回家，全村敲锣打鼓迎接，村委会主任喜上眉梢地给大家炫耀儿子当了人大代表多了不起，说他是人民选举出来的，代表人民的利益和意志，依法行使职权、履行义务。张姐听了心生羡慕，因为她一直热心助人，有建设甲村的强烈意志，她希望自己也可以有机会参选人大代表，更好地为甲村村民办实事。张姐作为妇女，可以参选人大代表吗？

根据我国《宪法》《妇女权益保障法》的规定，妇女与男子享有平等的选举权和被选举权。《妇女权益保障法》还规定，全国人民代表大会和地方各级人民代表大会的代表中，应当有适当数量的妇女代表。国家采取措施，逐步提高全国人民代表大会和地方各级人民代表大会的妇女代表的比例。这意味着，妇女不仅有被选举权，可以参选选区内人大代表，还将在各级人民代表大会中扮演越来越重要的角色。

《宪法》

第三十四条 中华人民共和国年满十八周岁的公民，不分民族、种族、性别、职业、家庭出身、宗教信仰、教育程度、财产状况、居住期限，都有选举权和被选举权；但是依照法律被剥夺政治权利的人除外。

《妇女权益保障法》

第十二条 国家保障妇女享有与男子平等的政治权利。

第十四条 妇女享有与男子平等的选举权和被选举权。

全国人民代表大会和地方各级人民代表大会的代表中，应当有适当数量的妇女代表。国家采取措施，逐步提高全国人民代表大会和地方各级人民代表大会的妇女代表的比例。

居民委员会、村民委员会成员中，妇女应当有适当的名额。

6. 妇女可以参与选举成为村民委员会成员吗？

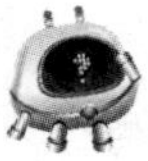

黄家村这几年经济、文化等各方面发展缓慢，尤其是很多妇女的合法权益无法得到保障。村里的“知心大姐”杨姐一向热心，妇女们的问题她也时常反映到村委会，试图帮助大家解决问题。听说这届村委会马上到期并要重新选举，杨姐也跃跃欲试想要成为村委会成员，真正参与本村管理和发展工作等，把村里妇女们的合理建议努力落实到日常管理中。但杨姐老公却对她的想法很不屑，冷嘲热讽道：“你一个女人，怕不是想进村委会都进不了！”杨姐可以参与选举成为村民委员会成员吗？

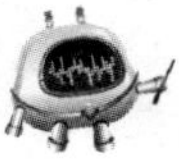

根据《宪法》《妇女权益保障法》的规定，妇女与男子有同等权利；妇女有权通过各种途径管理国家事业，管理经济文化实务，管理社会事务。《村民委员会组织法》规定，村民委员会成员中，应当有

妇女成员。因此，妇女有权参与选举成为村民委员会成员，杨姐也可以竞选本届村委会委员。

《宪法》

第三十三条 凡具有中华人民共和国国籍的人都是中华人民共和国公民。

中华人民共和国公民在法律面前一律平等。

国家尊重和保障人权。

任何公民享有宪法和法律规定的权利，同时必须履行宪法和法律规定的义务。

第四十八条 中华人民共和国妇女在政治的、经济的、文化的、社会的和家庭的生活等各方面享有同男子平等的权利。

国家保护妇女的权利和利益，实行男女同工同酬，培养和选拔妇女干部。

《妇女权益保障法》

第二条 男女平等是国家的基本国策。妇女在政治的、经济的、文化的、社会的和家庭的生活等各方面享有同男子平等的权利。

国家采取必要措施，促进男女平等，消除对妇女一切形式的歧视，禁止排斥、限制妇女依法享有和行使各项权益。

国家保护妇女依法享有的特殊权益。

第十二条 国家保障妇女享有与男子平等的政治权利。

《村民委员会组织法》

第六条 村民委员会由主任、副主任和委员共三至七人组成。

村民委员会成员中，应当有妇女成员，多民族村民居住的村应当有人数较少的民族的成员。

对村民委员会成员，根据工作情况，给予适当补贴。

第十三条 年满十八周岁的村民，不分民族、种族、性别、职业、家庭出身、宗教信仰、教育程度、财产状况、居住期限，都有选举权和被选举权；但是，依照法律被剥夺政治权利的人除外。

村民委员会选举前，应当对下列人员进行登记，列入参加选举的村民名单：

（一）户籍在本村并且在本村居住的村民；

（二）户籍在本村，不在本村居住，本人表示参加选举的村民；

（三）户籍不在本村，在本村居住一年以上，本人申请参加选举，并且经村民会议或者村民代表会议同意参加选举的公民。

已在户籍所在村或者居住村登记参加选举的村民，不得再参加其他地方村民委员会的选举。

7. 妇女可以做干部吗？

婷婷（女）一直有建设家乡的美好愿望，大学毕业之后，她回到老家所在的乡政府工作。婷婷工作认真、充满热情，获得了领导的好评，也惹来了一些人的嫉妒。村里葛大爷就对大家说，这女娃不守本分，女人还想当干部？真是癞蛤蟆想吃天鹅肉。葛大爷的说法对吗？

根据《妇女权益保障法》的规定，国家积极培养和选拔女干部。国家机关、社会团体、企业事业单位必须有适当数量的妇女担任领导成员。因此，妇女是可以在国家机关、社会团体、企业事业单位担任干部的。各单位在培养、选拔干部时不应有性别歧视，而应根据能力进行选拔。所以，葛大爷的说法是错误的，妇女也能担任干部。

《妇女权益保障法》

第十二条 国家保障妇女享有与男子平等的政治权利。

第十五条 国家积极培养和选拔女干部，重视培养和选拔少数民族女干部。

国家机关、群团组织、企业事业单位培养、选拔和任用干部，应当坚持男女平等的原则，并有适当数量的妇女担任领导成员。

妇女联合会及其团体会员，可以向国家机关、群团组织、企业事业单位推荐女干部。

国家采取措施支持女性人才成长。

三、文化教育权益

8. 父母是否有权不让自己的女儿上学？

张生有一对龙凤胎儿女，两人都到了上初中的年龄，张生想，再穷不能穷教育，于是下决心送儿子读书，但是他觉得给女孩子花钱上学没必要，就不让女儿上学，而是让她在家种地干活。张生有权不让女儿上学吗？

根据我国《妇女权益保障法》《义务教育法》的规定，父母不能歧视女儿，必须保障适龄女儿接受义务教育。父母不履行义务的，政府将予以批评教育，并采取有效措施，责令送女孩接受义务教育。村民委员会也有义务协助政府督促女孩入学。因此，张生作为父亲，无权不让女儿上学，反而应该积极保障女儿接受义务教育的权利。

《妇女权益保障法》

第三十六条 父母或者其他监护人应当履行保障适龄女性未成年人接受并完成义务教育的义务。

对无正当理由不送适龄女性未成年人入学的父母或者其他监护人，由当地乡镇人民政府或者县级人民政府教育行政部门给予批评教育，依法责令其限期改正。居民委员会、村民委员会应当协助政府做好相关工作。

政府、学校应当采取有效措施，解决适龄女性未成年人就学存在的实际困难，并创造条件，保证适龄女性未成年人完成义务教育。

《义务教育法》

第五条第二款 适龄儿童、少年的父母或者其他法定监护人应当依法保证其按时入学接受并完成义务教育。

第十一条第一款 凡年满六周岁的儿童，其父母或者其他法定监护人应当送其入学接受并完成义务教育；条件不具备的地区的儿童，可以推迟到七周岁。

第十三条 县级人民政府教育行政部门和乡镇人民政府组织和督促适龄儿童、少年入学，帮助解决适龄儿童、少年接受义务教育的困难，采取措施防止适龄儿童、少年辍学。

居民委员会和村民委员会协助政府做好工作，督促适龄儿童、少年入学。

9. 学校在录取学生时，可以性别为由拒绝录取女性或提高对女性的录取标准吗？

小花（女）和小树是同村长大的好朋友，二人都是村里出了名的好学生。高考报志愿时，二人又恰巧都想报A大学的法学专业，便相约一同报考。最后结果是，小树成功考上法学专业，小花没有考上法学专业只能服从调剂。小花后来了解到A大学法学专业女性考生的录取分数线高于男性考生。小花觉得这是一种性别歧视，但不知道法律对此有什么相关规定？

根据《妇女权益保障法》的规定，学校在录取学生时，除特殊专业外，不得以性别为由拒绝录取女性或者提高对女性的录取标准。因此，本案中，A大学对男女生设置不同分数线的行为不符合法律规定。

《妇女权益保障法》

第三十七条第二款 学校在录取学生时，除国家规定的特殊专业外，不得以性别为由拒绝录取女性或者提高对女性的录取标准。

10. 学校在保障女性受教育权的问题上有何义务？

小苏（女）考入B学校，原本满怀期待地憧憬着校园生活，但入学不久，她就发现学校有一些问题。例如，对于相同专业，男生、女生的录取分数线并不相同；又如，相同专业的男生、女生在就业分配时会受到不同待遇，有的专业性质上对性别并没有要求，但好的公司和好的工作岗位只会推荐男性毕业生。小苏感觉很疑惑：“学校这种做法是不是对女性的歧视？其作为培养人才的摇篮，难道不应该在保障女性受教育方面尽到义务吗？”

根据《妇女权益保障法》《教育法》的规定，学校和有关部门应当执行国家有关规定，保障妇女在入学、升学、毕业分配、授予学位、派出留学等方面享有与男子平等的权利。由此可见，B学校关于入学、毕业分配等都存在歧视女性的问题，其没有尽到保障妇女受教育权的义务。

《妇女权益保障法》

第三十七条第一款 学校和有关部门应当执行国家有关规定，保障妇女在入学、升学、授予学位、派出留学、就业指导和服务等方面享有与男子平等的权利。

《教育法》

第三十七条 受教育者在入学、升学、就业等方面依法享有平等权利。

学校和有关行政部门应当按照国家有关规定，保障女子在入学、升学、就业、授予学位、派出留学等方面享有同男子平等的权利。

四、劳动和社会保障权益

11.《劳动法》及相关法规对女性有何特殊保护？

近年来，越来越多的农村妇女进城务工。面对城市中复杂的就业环境，很多农村妇女因缺乏劳动保护相关知识，遇见职场性别歧视等情况也很难分辨，可能导致自身权益受到严重侵害。其实，除了《妇女权益保障法》这种针对保障妇女权益作出规定的法律外，我国对劳动关系进行一般性规定的《劳动法》中也不乏对女性职工的特殊保护。那么，《劳动法》及相关法规具体有哪些相关规定呢？

《劳动法》对女性的特殊保护体现在：(1)妇女与男子有平等的就业权利，同工同酬。(2)《劳动法》对孕期、产期、哺乳期内的女职工有特殊保护：不得在“三期”内与女职工解除劳动合同；不得安排女职工在怀孕期间或哺乳未满1周岁的婴儿期间从事国家规定的第三级体力劳动强度的劳动和孕期、哺乳期禁忌从事的其他劳动，不得安排其延长工作时间和夜班劳动。(3)对女职工经期有特殊保护：不得安排女职工在经期从事高处、低温、冷水作业和国家规定的第三级体力劳动强度的劳动。(4)禁止安排女职工从事矿山井下、国家规定的第四级体力劳动强度的劳动和其他禁忌从事的劳动。

《劳动法》

第十三条 妇女享有与男子平等的就业权利。在录用职工时，除国家规定的不适合妇女的工种或者岗位外，不得以性别为由拒绝录用妇女或者提高对妇女的录用标准。

第二十九条 劳动者有下列情形之一的，用人单位不得依据本法第二十六条、第二十七条的规定解除劳动合同：

……

（三）女职工在孕期、产期、哺乳期内的；

……

第五十八条 国家对女职工和未成年工实行特殊劳动保护。

未成年工是指年满十六周岁未满十八周岁的劳动者。

第五十九条 禁止安排女职工从事矿山井下、国家规定的第四级体力劳动强度的劳动和其他禁忌从事的劳动。

第六十条 不得安排女职工在经期从事高处、低温、冷水作业和国家规定的第三级体力劳动强度的劳动。

第六十一条 不得安排女职工在怀孕期间从事国家规定的第三级体力劳动强度的劳动和孕期禁忌从事的劳动。对怀孕七个月以上的女职工，不得安排其延长工作时间和夜班劳动。

第六十二条 女职工生育享受不少于九十天的产假。

第六十三条 不得安排女职工在哺乳未满一周岁的婴儿期间从事国家规定的第三级体力劳动强度的劳动和哺乳期禁忌从事的其他劳动，不得安排其延长工作时间和夜班劳动。

12. 企业在招聘时明确注明“只招男生”或“男士优先”是否符合法律规定？

小丽（女）去城里务工，她想在公司找一个文职工作。但她在招聘网站上投简历时发现，很多公司在招聘时会注明“只招男生”

或“男士优先”。她感觉心里很不舒服，但这种现象生活中又很普遍，这种现象是否符合法律的规定？

在就业市场，“只招男生”或“男士优先”的招聘要求屡见不鲜，但普遍存在不能代表其具有合理合法性。根据《妇女权益保障法》《劳动法》等的规定，国家保障妇女享有与男子平等的劳动权利和社会保障权利。各单位在录用职工时，除不适合妇女的工种或者岗位外，不得以性别为由拒绝录用妇女或者提高对妇女的录用标准。因此，除了不适合妇女的岗位外，注明“只招男生”或“男士优先”的招聘均属于对女性的性别歧视，不符合法律规定。具体女职工禁忌从事的劳动范围可见《女职工劳动保护特别规定》附录。

《妇女权益保障法》

第四十一条 国家保障妇女享有与男子平等的劳动权利和社会保障权利。

《劳动法》

第十三条 妇女享有与男子平等的就业权利。在录用职工时，除国家规定的不适合妇女的工种或者岗位外，不得以性别为由拒绝录用妇女或者提高对妇女的录用标准。

《女职工劳动保护特别规定》附录《女职工禁忌从事的劳动范围》

一、女职工禁忌从事的劳动范围：

（一）矿山井下作业；

（二）体力劳动强度分级标准中规定的第四级体力劳动强度的作业；

（三）每小时负重6次以上、每次负重超过20公斤的作业，或者间断负重、每次负重超过25公斤的作业。

二、女职工在经期禁忌从事的劳动范围：

（一）冷水作业分级标准中规定的第二级、第三级、第四级冷水作业；

（二）低温作业分级标准中规定的第二级、第三级、第四级低温作业；

（三）体力劳动强度分级标准中规定的第三级、第四级体力劳动强度的作业；

（四）高处作业分级标准中规定的第三级、第四级高处作业。

三、女职工在孕期禁忌从事的劳动范围：

（一）作业场所空气中铅及其化合物、汞及其化合物、苯、镉、铍、砷、氰化物、氮氧化物、一氧化碳、二硫化碳、氯、己内酰胺、氯丁二烯、氯乙烯、环氧乙烷、苯胺、甲醛等有毒物质浓度超过国家职业卫生标准的作业；

（二）从事抗癌药物、己烯雌酚生产，接触麻醉剂气体等的作业；

（三）非密封源放射性物质的操作，核事故与放射事故的应急处置；

（四）高处作业分级标准中规定的高处作业；

（五）冷水作业分级标准中规定的冷水作业；

（六）低温作业分级标准中规定的低温作业；

（七）高温作业分级标准中规定的第三级、第四级的作业；

（八）噪声作业分级标准中规定的第三级、第四级的作业；

（九）体力劳动强度分级标准中规定的第三级、第四级体力劳动强度的作业；

（十）在密闭空间、高压室作业或者潜水作业，伴有强烈振动的作业，或者需要频繁弯腰、攀高、下蹲的作业。

四、女职工在哺乳期禁忌从事的劳动范围：

（一）孕期禁忌从事的劳动范围的第一项、第三项、第九项；

（二）作业场所空气中锰、氟、溴、甲醇、有机磷化合物、有机氯化合物等有毒物质浓度超过国家职业卫生标准的作业。

13. 企业在劳动合同中约定“x 年内不许结婚、生育”符合法律规定吗？

小芳（女）作为刚大学毕业的应届生，是初入职场的新人。她在找工作的过程中被一家发展势头正猛的创业公司吸引。进入面试阶段后，公司 HR 对小芳整体条件比较满意，便介绍起公司人力资源相关制度，公司要求新入职的女职工 5 年内不许结婚、10 年内不许生育。小芳觉得这种规定不合理，HR 却以这是高薪的等价交换条件为由反驳了她。该公司的这种规定符合法律规定吗？

根据我国《妇女权益保障法》的规定，各单位在录用女职工时，应当依法与其签订劳动（聘用）合同或者服务协议，劳动（聘用）合同或者服务协议中不得规定限制女职工结婚、生育的内容。我国法律明确规定，妇女与男子享有平等的就业权利。用人单位应当尊重女职工，尽到法律规定的关于保障妇女就业权利的义务。案涉公司关于限制新入职女职工结婚、生育的规章制度显然是违反法律规定的，即使在劳动合同中有这种约定，对女职工也没有约束力。

《妇女权益保障法》

第四十四条第一款 用人单位在录（聘）用女职工时，应当依法与其签订劳动（聘用）合同或者服务协议，劳动（聘用）合同或者服务协议中应当具备女职工特殊保护条款，并不得规定限制女职工结婚、生育等内容。

14. 未满 16 周岁的女子能否参加工作？

赵晓娥（女）今年 13 岁，脾气倔强，有一天跟家里人吵架，离家出走，到县城一家饭店当了服务员。赵晓娥能够参加工作吗？饭店能够雇用她吗？

根据我国《劳动法》的规定，禁止招用未满 16 周岁的未成年人，就是我们说的禁止使用“童工”，所以，赵晓娥不能参加工作，饭店也不能雇用她。

《劳动法》

第十五条第一款 禁止用人单位招用未满十六周岁的未成年人。

15. 女工与男工从事相同的工作，但是工资只有男工的一半，工厂的做法是否合法？

刘金花（女）和刘大壮是老乡，一起在肉联厂屠宰车间工作。刘金花每天勤勤恳恳、任劳任怨，工作量比刘大壮还大。有一天，她跟车间的男工聊天才发现，自己的工资只有刘大壮的一半。刘金花很愤怒，找到厂长理论。厂长说，大壮是男人，要养家，工资当然比你高。厂长的说法和做法正确吗？

我国《劳动法》规定了“按劳分配”“同工同酬”的工资分配原则。《妇女权益保障法》进一步明确规定，男女同工同酬。所以，女工与男工从事同样的工作，同样的工作量，工资应当相同。刘金花与刘大壮做同样的工作，工作量更高，她的工资不应该比刘大壮少。厂长仅仅因为刘大壮是男工人，就给他更高的工资，违反了“同工同酬”的规定。

《妇女权益保障法》

第四十五条 实行男女同工同酬。妇女在享受福利待遇方面享有与男子平等的权利。

《劳动法》

第四十六条第一款 工资分配应当遵循按劳分配原则，实行同工同酬。

16. 女工在月经期间被要求从事低温作业工作，是否合法？

钱丽丽（女）在某果品公司工作。这一天钱丽丽来月经，但是公司安排她在冷库工作。钱丽丽提出，自己来月经了，拒绝去冷库工作。经理生气地说：“你怎么那么矫情，不想干就别干了。”钱丽丽只能继续在冷库工作了3个小时，因为受凉，昏倒在地。公司的安排合法吗？

女职工具有与男职工不同的生理特点。《妇女权益保障法》明确规定，妇女在经期、孕期、产期、哺乳期受特殊保护，不得安排不适合妇女从事的劳动。钱丽丽在生理期，从事低温工作会对她的身体健康造成损害，公司安排她在月经期从事长时间低温作业，是不合法的。

《妇女权益保障法》

第四十七条 用人单位应当根据妇女的特点，依法保护妇女在工作和劳动时的安全、健康以及休息的权利。

妇女在经期、孕期、产期、哺乳期受特殊保护。

《劳动法》

第六十条 不得安排女职工在经期从事高处、低温、冷水作业和国家规定的第三级体力劳动强度的劳动。

17. 女工怀孕之后被公司辞退，公司的做法是否合法？

孙芹（女）中专毕业之后，到了一家公司做文员，她非常喜欢这份工作，所以工作认真。没过多久，她怀孕了，并且怀孕反应特别大，一定程度上影响了工作。公司提出将孙芹辞退。公司的做法合法吗？

我国《劳动法》《妇女权益保障法》都规定，对于在怀孕期、产期、哺乳期内的妇女，不得单方解除劳动合同，这体现了对于特殊时期妇女的劳动保护。孙芹正处于怀孕期间，公司不能单方面辞退她。所以，公司的做法不合法。

《妇女权益保障法》

第四十八条第一款 用人单位不得因结婚、怀孕、产假、哺乳等情形，降低女职工的工资和福利待遇，限制女职工晋职、晋级、评聘专业技术职称和职务，辞退女职工，单方解除劳动（聘用）合同或者服务协议。

《劳动法》

第二十九条 劳动者有下列情形之一的，用人单位不得依据本法第二十六条、第二十七条的规定解除劳动合同：

……

（三）女职工在孕期、产期、哺乳期内的；

……

18. 女工怀孕之后被克扣工资，单位的做法是否合法？女工应如何维护自己的权利？

李梅（女）大专毕业之后在一家公司做销售，因为她工作努力，不久晋升为经理，工资也提高到每月 6000 元。之后，李梅怀孕，公司提出，李梅工作受到怀孕影响，每个月的工资降低为 1500 元。李梅觉得很不公平，她应该如何维护自己的权利呢？

根据我国《妇女权益保障法》的规定，单位不得因结婚、怀孕、产假、哺乳等情形，降低女职工的工资。所以，公司大幅度降低李梅的工资，这一做法是不合法的。对此，李梅可以先与公司协商解决；无法解决的，可以申请劳动仲裁；劳动仲裁不能解决的，还可以向法院起诉。

《妇女权益保障法》

第四十八条第一款 用人单位不得因结婚、怀孕、产假、哺乳等情形，降低女职工的工资和福利待遇，限制女职工晋职、晋级、评聘专业技术职称和职务，辞退女职工，单方解除劳动（聘用）合同或者服务协议。

《劳动法》

第七十九条 劳动争议发生后，当事人可以向本单位劳动争议调解委员会申请调解；调解不成，当事人一方要求仲裁的，可以向劳动争议仲裁委员会申请仲裁。当事人一方也可以直接向劳动争议仲裁委员会申请仲裁。对仲裁裁决不服的，可以向人民法院提起诉讼。

19. 女职工在孕期不能适应原劳动的，可以要求单位减轻劳动量或安排其他工作吗？

秦某（女）在 N 公司从事销售工作，因工作需要，时常应酬、出差。秦某怀孕有先兆流产症状，无法适应此前的工作节奏和工作模式。在医生和家人的建议下，秦某向公司提供了医院开的证明，并提出想减少出差等工作。公司拒绝了其申请，认为工作量是与工资直接挂钩的，且销售岗的工作性质决定了需要经常出差，不能在其他条件均不改变的情况下单方面减轻秦某的工作量。N 公司的做法符合法律规定吗？

根据《女职工劳动保护特别规定》的相关规定，女职工在孕期不能适应原劳动的，用人单位应当根据医疗机构的证明，予以减轻劳动量或者安排其他能够适应的劳动。本案中，秦某身体条件确实无法适应原工作，且其有正规医院开具的证明，N 公司在其怀孕期间，应为其减轻工作量或安排其能够适应的工作，且不得对其进行降薪处理。故 N 公司的做法不符合法律规定。

《女职工劳动保护特别规定》

第六条第一款 女职工在孕期不能适应原劳动的，用人单位应当根据医疗机构的证明，予以减轻劳动量或者安排其他能够适应的劳动。

20. 单位安排怀孕 7 个月以上的女职工夜班劳动的做法是否合法？

钱女士在 M 公司从事行政工作。M 公司需要所有员工轮班在库房值夜班。按照两人一班、一班一夜的安排，每位员工每 15 天会轮到一次夜班。作为行政组组长，钱女士怀孕前中期因身体情况还比较好，一直坚持值夜班。但到怀孕 7 个月之后，其身体时常感到不适，有时白天工作中也会因为虚弱不得不停下休息。轮到其值夜班时，她向公司提出自己想在产假结束前暂停夜班排班，却遭到拒绝。M 公司的做法是否符合法律规定？

根据《女职工劳动保护特别规定》的相关规定，对怀孕 7 个月以上的女职工，用人单位不得延长劳动时间或者安排夜班劳动，并应当在劳动时间内安排一定的休息时间。因此,M 公司在钱女士怀孕 7 个月以上的情况下,仍安排其值夜班,其做法不符合法律规定。

《女职工劳动保护特别规定》

第六条第二款 对怀孕 7 个月以上的女职工,用人单位不得延长劳动时间或者安排夜班劳动,并应当在劳动时间内安排一定的休息时间。

21. 怀孕女职工在劳动时间内进行产前检查,单位将其行为记作事假、病假或按旷工处理是否合法?

付女士在 P 公司工作。其怀孕后一直坚持工作,只是有时按照医院的要求进行产前检查。但公司每次都将其产检的时间算作事假,并扣发付女士相应的事假期间工资。P 公司的做法符合法律规定吗?

根据《女职工劳动保护特别规定》的相关规定,怀孕女职工在劳动时间内进行产前检查,所需时间计入劳动时间。因此,怀孕女职工劳动时间内正常进行产前检查的,应按出勤对待,不能记作病假、事假或按旷工处理。故 P 公司的做法不符合法律规定。

《女职工劳动保护特别规定》

第六条第三款 怀孕女职工在劳动时间内进行产前检查,所需时间计入劳动时间。

22. 未参加生育保险的女职工的生育津贴由谁支付?

张某(女)婚后到 Y 公司工作。工作 2 年期间,Y 公司一直未为张某缴纳社会保险费。后张某怀孕，正常休了产假。产假结束后，张某与好友聚会时得知，好友之前生孩子后，在产假期间有生育津贴，但张某觉得是因为Y公司未为其缴纳生育保险费用，所以她才没有取得生育津贴的。好友告知她，即使未参加生育保险，女职工也可以依法取得生育津贴。张某想知道，自己这种情况下谁来支付其生育津贴？

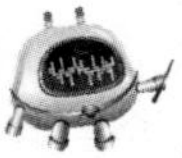

生育津贴，是指对职业妇女因生育而离开工作岗位期间，给予的生活费用，按照用人单位上年度职工月平均工资的标准支付。根据《社会保险法》的规定，女职工生育享受产假津贴；享受计划生育手术休假津贴；法律、法规规定的其他津贴。因此，张某应该可以享受女职工生育产假津贴。根据《女职工劳动保护特别规定》的规定，对未参加生育保险的女职工，由用人单位按照女职工产假前工资的标准支付生育津贴。故在本案中，Y公司应支付张某的生育津贴。

《女职工劳动保护特别规定》

第八条 女职工产假期间的生育津贴，对已经参加生育保险的，按照用人单位上年度职工月平均工资的标准由生育保险基金支付；对未参加生育保险的，按照女职工产假前工资的标准由用人单位支付。

女职工生育或者流产的医疗费用，按照生育保险规定的项目和标准，对已经参加生育保险的，由生育保险基金支付；对未参加生育保险的，由用人单位支付。

《社会保险法》

第五十六条 职工有下列情形之一的，可以按照国家规定享受生育津贴：

（一）女职工生育享受产假；

（二）享受计划生育手术休假；

（三）法律、法规规定的其他情形。

生育津贴按照职工所在用人单位上年度职工月平均工资计发。

23. 未参加生育保险的女职工生育或者流产的医疗费用由谁支付？

张某（女）婚后到Y公司工作。工作2年期间，Y公司一直未为张某缴纳社会保险费。后张某因异位妊娠在某医院住院治疗，住院期间自己支付治疗费8000元。后张某了解到，对于其他公司参加生育保险的女职工来说，她们生育的医疗费用由生育保险基金支付，她好奇：对于自己这种未参加生育保险的女职工，生育费用由谁支付呢？

根据《女职工劳动保护特别规定》的规定，女职工生育或者流产的医疗费用，按照生育保险规定的项目和标准，对已经参加生育保险的，由生育保险基金支付；对未参加生育保险的，由用人单位支付。因此本案中，张某生育的医疗费用应由Y公司支付。

《女职工劳动保护特别规定》

第八条 女职工产假期间的生育津贴，对已经参加生育保险的，按照用人单位上年度职工月平均工资的标准由生育保险基金支付；对未参加生育保险的，按照女职工产假前工资的标准由用人单位支付。

女职工生育或者流产的医疗费用，按照生育保险规定的项目和标准，对已经参加生育保险的，由生育保险基金支付；对未参加生育保险的，由用人单位支付。

24. 对于哺乳未满 1 周岁婴儿的女职工，单位延长其劳动时间的行为是否合法？

张某（女）婚后到 Y 公司工作。后产下一子，且产后一直哺乳儿子。在张某儿子未满 1 周岁的时候，Y 公司突然以张某产假期间耽误了工作为由，要求其每天工作时间延长 1 小时，并严格执行打卡下班制度。张某感到困惑，因为她听说自己的朋友生产后不仅没有被要求增加工作量或延长工作时长，反而每天提前 1 个小时下班。她疑惑 Y 公司这种延长其劳动时间的做法是否合法。

根据《女职工劳动保护特别规定》的规定，对哺乳未满 1 周岁婴儿的女职工，用人单位不得延长劳动时间或者安排夜班劳动。因此在本案中，Y 公司延长张某劳动时间的做法不符合法律规定。不仅如此，Y 公司还应当在每天的劳动时间内为张某安排 1 个小时哺乳时间。

《女职工劳动保护特别规定》

第九条 对哺乳未满 1 周岁婴儿的女职工，用人单位不得延长劳动时间或者安排夜班劳动。

用人单位应当在每天的劳动时间内为哺乳期女职工安排 1 小时哺乳时间；女职工生育多胞胎的，每多哺乳 1 个婴儿每天增加 1 小时哺乳时间。

25. 用人单位侵害女职工权益的，女职工有什么途径维权？

张某（女）婚后到 Y 公司工作。其怀孕生子之后，在哺乳未满 1 周岁孩子的情况下，被公司要求每天延长 1 小时工作时间，补足之前产假中少做的工作。后来，张某了解到 Y 公司这种行为是违反法律规定的，且自己的合法权益遭受了侵害。她想知道这种情况下，自己有什么途径维权？

根据《女职工劳动保护特别规定》的规定，用人单位违反该规定，侵害女职工合法权益的，女职工有以下几种途径维权：(1)依法投诉、举报、申诉。对违反劳动保障法律、法规或者规章的行为可以向人力资源部门、劳动保障行政部门举报、投诉。(2)依法向劳动人事争议调解仲裁机构申请调解仲裁。(3)对仲裁裁决不服的，依法向人民法院提起诉讼。

《女职工劳动保护特别规定》

第十四条 用人单位违反本规定，侵害女职工合法权益的，女职工可以依法投诉、举报、申诉，依法向劳动人事争议调解仲裁机构申请调解仲裁，对仲裁裁决不服的，依法向人民法院提起诉讼。

26. 用人单位侵害女职工权益的，要承担什么责任？

张某（女）婚后到Y公司工作。其怀孕生子之后，Y公司的多种违反法律规定的行为，严重侵害了张某的合法权益。Y公司作为用人单位应当承担什么责任？

根据《女职工劳动保护特别规定》的规定，用人单位违反该规定，侵害女职工合法权益，造成女职工损害的，依法给予赔偿；用人单位及其直接负责的主管人员和其他直接责任人员构成犯罪的，依法追究刑事责任。

《女职工劳动保护特别规定》

第十五条 用人单位违反本规定，侵害女职工合法权益，造成女职工损害的，依法给予赔偿；用人单位及其直接负责的主管人员和其他直接责任人员构成犯罪的，依法追究刑事责任。

五、财产权益

(一)基本规定

27. 夫妻的共同财产包括什么?

牛奋斗和丫丫(女)是青梅竹马,长大后二人结婚。小两口决定一起努力生活,把日子过得红红火火。那么,哪些收入是他们的夫妻共同财产呢?

根据《民法典》及相关司法解释的规定,夫妻共同财产包括:(1)工资、奖金、劳务报酬;(2)生产、经营、投资的收益;(3)知识产权的收益;(4)继承或者受赠的财产,但是遗嘱或者赠与合同中明确只归一方的财产除外;(5)一方以个人财产投资取得的收益;(6)男女双方实际取得或者应当取得的住房补贴、住房公积金;(7)男女双方实际取得或者应当取得的基本养老金、破产安置补偿费。

《民法典》

第一千零六十二条 夫妻在婚姻关系存续期间所得的下列财产,为夫妻的共同财产,归夫妻共同所有:

(一)工资、奖金、劳务报酬;

(二)生产、经营、投资的收益;

(三)知识产权的收益;

(四)继承或者受赠的财产,但是本法第一千零六十三条第三项规定的除外；

（五）其他应当归共同所有的财产。

夫妻对共同财产，有平等的处理权。

最高人民法院《关于适用〈中华人民共和国民法典〉婚姻家庭编的解释（一）》

第二十五条 婚姻关系存续期间，下列财产属于民法典第一千零六十二条规定的“其他应当归共同所有的财产”：

（一）一方以个人财产投资取得的收益；

（二）男女双方实际取得或者应当取得的住房补贴、住房公积金；

（三）男女双方实际取得或者应当取得的基本养老金、破产安置补偿费。

28. 夫妻一方的个人财产分别包括什么？

小张和小李（女）婚后感情不和，一直吵着要离婚。小李因为对法律关于夫妻财产的规定不熟悉，购买了一本《村民的民法典（插图版）》学习，了解清楚了什么是“夫妻共同财产”。她想知道：“夫妻共同财产之外的财产都是夫妻一方的个人财产吗？夫妻一方的个人财产具体包括哪些内容呢？”

根据《民法典》及相关司法解释的规定，夫妻一方的个人财产包括：（1）一方的婚前财产；（2）一方因受到人身损害获得的赔偿或者补偿；（3）遗嘱或者赠与合同中确定只归一方的财产；（4）一方专用的生活用品；（5）军人的伤亡保险金、伤残补助金、医药生活补助费；（6）其他应当归一方的财产。

《民法典》

第一千零六十三条 下列财产为夫妻一方的个人财产：

（一）一方的婚前财产；

（二）一方因受到人身损害获得的赔偿或者补偿；

（三）遗嘱或者赠与合同中确定只归一方的财产；

（四）一方专用的生活用品；

（五）其他应当归一方的财产。

最高人民法院《关于适用〈中华人民共和国民法典〉婚姻家庭编的解释（一）》

第三十条 军人的伤亡保险金、伤残补助金、医药生活补助费属于个人财产。

29. 什么情况下可以要求返还按照习俗给付的彩礼？

甲村小李与乙村小赖（女）恋爱一年后，准备结婚。小李按照两村习俗准备好“三金”和66,666元去小赖家提亲，双方欣然举办了订婚宴。但3个月后，双方因琐事争吵，决定取消婚约。小李家觉得二人还没有结婚，小赖应返还提亲时接受的彩礼。小赖不知道小李家的说法是否有法律依据，她好奇：在什么情况下小李家可以要求返还按照习俗给付的彩礼？

根据《民法典》相关司法解释的规定，在以下三种情况下，可以要求返还按照习俗给付的彩礼：（1）双方未办理结婚登记手续；（2）双方离婚，且双方办理结婚登记手续但确未共同生活；（3）双方离婚，且彩礼是婚前给付的并导致给付人生活困难。由此可见，本案中小李可以要求小赖返还按照习俗给付的彩礼。

最高人民法院《关于适用〈中华人民共和国民法典〉婚姻家庭编的解释（一）》

第五条 当事人请求返还按照习俗给付的彩礼的，如果查明属于以下情形，人民法院应当予以支持：

（一）双方未办理结婚登记手续；

（二）双方办理结婚登记手续但确未共同生活；

（三）婚前给付并导致给付人生活困难。

适用前款第二项、第三项的规定，应当以双方离婚为条件。

30. 夫妻双方可以对婚前、婚内财产所有情况进行约定吗？

贾富贵和甄美丽（女）结婚，在村里大办喜宴。宴会结束后，二人坐在床上数收到的礼金。甄美丽突然提出：“我看电视上演的，大家都会约定清楚哪些钱是个人的，哪些钱是两口子共有的，我们也这样吧！”贾富贵不能理解地说：“你是我媳妇，我的就都是你的，哪用得着这样！”甄美丽认为贾富贵这样的口头约定没有法律效力。夫妻双方可以对财产情况进行约定吗？

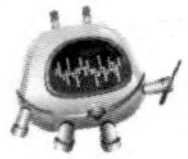

根据《民法典》的规定，男女双方可以对婚姻存续期间所得财产和婚前财产归属进行约定。此种约定应当采用书面形式而不一定必须去公证处进行公证，即可对双方具有法律约束力。因此，本案中甄美丽的想法是有法律支持的。二人可以对婚前、婚内财产进行约定，但须采用书面形式。

《民法典》

第一千零六十五条　男女双方可以约定婚姻关系存续期间所得的财产以及婚前财产归各自所有、共同所有或者部分各自所有、部分共同所有。约定应当采用书面形式。没有约定或者约定不明确的，适用本法第一千零六十二条、第一千零六十三条的规定。

夫妻对婚姻关系存续期间所得的财产以及婚前财产的约定，对双方具有法律约束力。

……

（二）妇女婚姻家庭共有财产权益的保护

31. 丈夫对外欠下巨额债务，妻子不知情的，妻子是否需要还钱？

周老三沉迷于给某平台主播“打赏”，为此背着妻子欠了大量外债，逃到了外村。债主来到周老三家，要求周老三的妻子还钱，妻子说周老三借钱都是背着她的，她一点儿也不知道，拒绝还钱。周老三的妻子需要替周老三还债吗？

《民法典》规定，夫妻一方在婚姻关系存续期间以个人名义超出家庭日常生活需要所负的债务，不属于夫妻共同债务。周老三欠下的外债，用的是他自己的名义，而且明显超出了家庭日常生活需要，妻子对此毫不知情，所以，这些外债不属于夫妻共同债务，妻子没有还钱的义务。

《民法典》

第一千零六十四条第二款 夫妻一方在婚姻关系存续期间以个人名义超出家庭日常生活需要所负的债务，不属于夫妻共同债务；但是，债权人能够证明该债务用于夫妻共同生活、共同生产经营或者基于夫妻双方共同意思表示的除外。

32. 妻子没有收入的，能够与丈夫平等支配家里的财产吗？

郑智与王梅（女）是一个村的，从小关系就很好。郑智和王梅一起在城里做生意，后来结婚生了孩子，王梅不工作了，负责照顾家庭。时间长了，郑智开始嫌弃王梅不赚钱，仅给王梅一点生活费，王梅买件衣服也得看郑智脸色。那么，对于家里的财产，王梅真的没有支配权吗？

根据《妇女权益保障法》的规定，夫妻对于共同财产有平等的占有、使用、收益和处分的权利，不受双方收入状况的影响。生活中，夫妻在家庭中会有分工，但是这不影响他们对于财产的平等支配。郑智认为王梅不赚钱，就不能花家里的钱，这是不对的。

《妇女权益保障法》

第六十六条第一款 妇女对夫妻共同财产享有与其配偶平等的占有、使用、收益和处分的权利，不受双方收入状况等情形的影响。

33. 离婚时，夫妻财产的分配原则是什么？

冯宝和陈丽（女）经人介绍认识并结婚，婚后发现彼此差异很大，很难一起生活，于是两人想要离婚。陈丽不知道，对于家里的财产应该如何分配。

《民法典》规定，离婚时，夫妻的共同财产由双方协议处理。夫妻对于家庭财产最为了解，协商也有利于充分发挥财产价值，所以，陈丽应该先与冯宝协商；协议不成的，可以向法院起诉，由人民法院根据财产的具体情况，按照照顾子女、女方和无过错方权益的原则判决。

《民法典》

第一千零八十七条第一款 离婚时，夫妻的共同财产由双方协议处理；协议不成的，由人民法院根据财产的具体情况，按照照顾子女、女方和无过错方权益的原则判决。

34. 离婚时，夫妻债务的分担原则是什么？

沈三和韩玲（女）决定离婚，但是他们在婚姻期间对外借了一些钱，这些钱应该由谁来还呢？

与夫妻共同财产双方共有一样，夫妻共同的债务也应当由双方共同偿还。在偿还的时候，优先以共同财产偿还；财产不足或者财产归各自所有的，由双方协议清偿；协议不成的，由人民法院判决。

《民法典》

第一千零八十九条 离婚时，夫妻共同债务应当共同偿还。共同财产不足清偿或者财产归各自所有的，由双方协议清偿；协议不成的，由人民法院判决。

35. 丈夫出轨，把家里的钱转移给别人的，妻子如何维护自己的权利？

陈世美在外有了情人，准备与妻子秦香莲离婚，他将家里的钱都偷偷转移到情人名下。对此，秦香莲应该如何维护自己的权利？

根据《民法典》的规定，秦香莲可以根据不同情况采取不同对策：(1)秦香莲不准备离婚的，可以向人民法院请求分割共同财产，保护共同财产当中属于自己的那部分。(2)秦香莲准备离婚的，可以在离婚财产分割时要求多分或者全部归自己所有。(3)如果离婚的时候秦香莲没有发现陈世美转移财产，后来才发现，可以到法院起诉，请求再次分割财产。

《民法典》

第一千零六十六条 婚姻关系存续期间，有下列情形之一的，夫妻一方可以向人民法院请求分割共同财产：

（一）一方有隐藏、转移、变卖、毁损、挥霍夫妻共同财产或者伪造夫妻共同债务等严重损害夫妻共同财产利益的行为；

……

第一千零九十二条 夫妻一方隐藏、转移、变卖、毁损、挥霍夫妻共同财产，或者伪造夫妻共同债务企图侵占另一方财产的，在离婚分割夫妻共同财产时，对该方可以少分或者不分。离婚后，另一方发现有上述行为的，可以向人民法院提起诉讼，请求再次分割夫妻共同财产。

36. 妻子没有收入，但是照顾家庭比较多，离婚后有权要求对方补偿吗？

雷宝发早年在外打拼，挣下了一份家业。妻子黄莲莲在家默默抚育子女、照顾老人。雷宝发有钱之后，看上了年轻貌美的吕梅，决心跟黄莲莲离婚。因为公司和房子等财产都在雷宝发名下，黄莲莲能否要求雷宝发对其进行补偿？

《民法典》规定，夫妻一方因抚育子女、照料老年人、协助另一方工作等负担较多义务的，离婚时有权向另一方请求补偿，另一方应当给予补偿。虽然黄莲莲没有与雷宝发一起经营公司，但是雷宝发取得成功也有黄莲莲的功劳，其公司和房子等财产属于双方共同财产，且黄莲莲为家庭付出很多，有权要求雷宝发补偿。

《民法典》

第一千零八十八条 夫妻一方因抚育子女、照料老年人、协助另一方工作等负担较多义务的，离婚时有权向另一方请求补偿，另一方应当给予补偿。具体办法由双方协议；协议不成的，由人民法院判决。

37. 离婚时，女方生活有困难的，可否要求男方提供帮助？

武兰（女）和丁洋结婚后育有一子，后来武兰得了产后抑郁，长期在娘家休养，双方长期分居，感情变差，决定离婚。武兰因为生病，没有工作，生活困难，可以要求丁洋提供帮助吗？

《民法典》规定，离婚时，一方生活困难，有负担能力的另一方应当给予适当帮助。虽然武兰和丁洋决定离婚，但是武兰生活有困难，丁洋有负担能力的，应当提供适当的帮助。关于具体如何帮助，可以由双方协商确定。

《民法典》

第一千零九十条 离婚时，如果一方生活困难，有负担能力的另一方应当给予适当帮助。具体办法由双方协议；协议不成的，由人民法院判决。

38. 离婚时，夫妻共同拥有的房屋该如何分配？

杨美（女）与朱壮结婚后一起去城里打工，慢慢攒钱买了一套房子，并有了一个可爱的女儿。后来，两人感情恶化，准备离婚，女儿归杨美抚养。杨美想把房子分给自己，这样好照顾女儿，朱壮不同意。那么，房子应该如何分配呢？

根据我国法律的规定，离婚房产分割首先应该由双方协商决定；协商不成的，法院按照照顾子女和女方权益的原则判决。根据杨美和朱壮的情况，从照顾女方、有利于孩子成长的角度，房子分给杨美更合适。

《妇女权益保障法》

第六十九条　离婚时，分割夫妻共有的房屋或者处理夫妻共同租住的房屋，由双方协议解决；协议不成的，可以向人民法院提起诉讼。

39. 双方结婚前，男方父母为双方购置房屋出资的，属于夫妻共同财产吗？

星星（女）和明明同为肖家村村民，二人一同去县城打工，后二人在工作生活中互生情愫，决定结婚。两家人决定凑钱给两个孩子在县城买一套房子作为婚房。由于明明家更有经济实力，在买房时支付了更大比例的房款，星星家只付了10万元，房子登记在明明名下。结婚3年后，二人因感情破裂决定离婚，明明认为房子是婚前买的，且写在其名下，应属于其个人财产，不应作为共同财产参与分割。星星则认为房子可以归男方，但自己父母出的10万元应该退回。二人谁的说法是正确的？

根据我国《民法典》及其相关司法解释的规定，当事人结婚前，父母为双方购置房屋出资的，该出资应当认定为对自己子女个人的赠与，但父母明确表示赠与双方的除外。本案中，星星父母支付10万元房款时未说明是赠与双方的，故应该属于婚前对星星的赠与。因此，若房子留给明明，其应将10万元房款退给女方，即星星的说法是正确的。

最高人民法院《关于适用〈中华人民共和国民法典〉婚姻家庭编的解释（一）》

第二十九条第一款 当事人结婚前，父母为双方购置房屋出资的，该出资应当认定为对自己子女个人的赠与，但父母明确表示赠与双方的除外。

40. 婚后由男方父母出资为其购买的不动产，产权登记在男方名下的，离婚时分割吗？

小花（女）和大壮都是甲村村民。二人是青梅竹马，一起努力考到了县城上大学，并留在县城工作。小花和大壮结婚，大壮的父母为了让孩子们生活安稳些，在县城里全款给他们买了一套房，登记在大壮名下。后二人感情破裂，决定离婚。在进行财产分割时，小花提出他们住的这套房子是婚后购买的，应该属于夫妻共同财产，应该按照相关规定分割。大壮觉得这套房是自己父母为自己买的，应该属于其个人财产。二人谁的说法是正确的呢？

根据《民法典》及其司法解释的相关规定，男女双方结婚后，父母为双方购置房屋出资的，依照约定处理；没有约定或者约定不明确的，按照接受赠与处理：只要未明确约定归一方单独所有，就属于夫妻共同财产。本案中，大壮的父母在买房时并未明确该房子是买给大壮个人还是他们夫妻俩的，故根据法律规定该房属于夫妻共同财产，离婚时应分割。故小花的说法正确。

最高人民法院《关于适用〈中华人民共和国民法典〉婚姻家庭编的解释（一）》

第二十九条第二款 当事人结婚后，父母为双方购置房屋出资的，依照约定处理；没有约定或者约定不明确的，按照民法典第一千零六十二条第一款第四项规定的原则处理。

41. 男方与第三人串通，虚构债务，第三人可以主张该债务为夫妻共同债务吗？

王姐结婚 8 年了，她老公李哥常年在城里务工，二人感情变淡。李哥在城里打工时爱上了金妹，就把打工的钱都花在了金妹身上。后李哥将财产挥霍一空。金妹给他出主意，说可以让自己的哥哥假装要债的，上门让王姐偿还。李哥同意后，和金妹的哥哥签了虚假的欠条；金妹的哥哥按照他给的地址上门找王姐要钱，说是李哥欠的钱，需要王姐偿还。王姐多了一个心眼儿，先支走了要债人，之后多方打听，发现了李哥的阴谋。但王姐心里“打鼓”，觉得人家有欠条铁证如山，害怕对方将自己告到法院。王姐需要替李哥偿还这张欠条上的债务吗？

根据我国《民法典》及相关司法解释的规定，夫妻一方与第三人串通，虚构债务，第三人主张该债务为夫妻共同债务的，人民法院不予支持。本案的情况属于典型的夫妻一方与第三人串通虚构债务的情况，这笔“欠款”不属于王姐和李哥的夫妻共同债务，王姐无须对其承担偿还义务。

最高人民法院《关于适用〈中华人民共和国民法典〉婚姻家庭编的解释（一）》

第三十四条第一款 夫妻一方与第三人串通，虚构债务，第三人主张该债务为夫妻共同债务的，人民法院不予支持。

42. 男方在从事赌博、吸毒等违法犯罪活动中所负的债务，第三人可以主张该债务为夫妻共同债务吗？

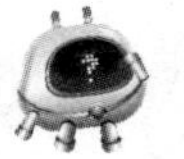

与胡某（女）结婚后，吴某染上了赌博的恶习，把家里的存款、房子都输光了。胡某一开始还在耐心等吴某改过自新，吴某反而变本加厉。一日，有人找到胡某家，表示吴某欠其 10 万元赌债，是他们二人的共同债务，现吴某无力偿还，胡某应该偿还。胡某对这笔债务有偿还义务吗？

根据我国《民法典》及其司法解释的相关规定，夫妻一方在从事赌博、吸毒等违法犯罪活动中所负债务，第三人主张该债务为夫妻共同债务的，人民法院不予支持。因此，在本案中，胡某对吴某婚姻期间欠下的赌债没有偿还义务。

最高人民法院《关于适用〈中华人民共和国民法典〉婚姻家庭编的解释（一）》

第三十四条第二款 夫妻一方在从事赌博、吸毒等违法犯罪活动中所负债务，第三人主张该债务为夫妻共同债务的，人民法院不予支持。

43. 丈夫死亡的，妻子还要对婚姻关系存续期间的夫妻共同债务承担清偿责任吗？

杜十娘（女）与同村的李甲结婚后，李甲进城务工，在工地上找了一份工作。某日李甲所在工地发生事故，李甲不幸身亡。杜十娘痛不欲生，强打起精神给李甲办了葬礼。结果葬礼上有人向杜十娘要债，说是此前李甲向他们借了钱。杜十娘不知道自己是否有义务偿还丈夫生前欠下的债务？

根据我国《民法典》及其司法解释的相关规定，夫或者妻一方死亡的，生存一方应当对婚姻关系存续期间的夫妻共同债务承担清偿责任。故本案中，即使李甲已不在世，其生前欠下的债务仍是夫妻共同债务，杜十娘负有偿还义务。

最高人民法院《关于适用〈中华人民共和国民法典〉婚姻家庭编的解释（一）》

第三十六条 夫或者妻一方死亡的，生存一方应当对婚姻关系存续期间的夫妻共同债务承担清偿责任。

（三）农村妇女的特殊保护

44. 农村土地承包中，“分男不分女”的做法符合法律规定吗？

小花（女）是家中长女，她还有两个弟弟。后她家分配土地承包经营权时，小花的父母认为女儿总是要嫁人的，“嫁出去的女儿，泼出去的水”，故要求小花将其应分部分分给两个弟弟。小花觉得很委屈，她认为这种“分男不分女”的做法是不正确的，又不知道法律上对此是否有规定。

根据《妇女权益保障法》《农村土地承包法》的规定，妇女在农村土地承包经营、集体经济组织收益分配、土地征收或者征用补偿费使用以及宅基地使用等方面，享有与男子平等的权利。小花父母的做法显然不符合法律的规定。

《妇女权益保障法》

第五十五条第一款 妇女在农村集体经济组织成员身份确认、土地承包经营、集体经济组织收益分配、土地征收补偿安置或者征用补偿以及宅基地使用等方面，享有与男子平等的权利。

《农村土地承包法》

第六条 农村土地承包，妇女与男子享有平等的权利。承包中应当保护妇女的合法权益，任何组织和个人不得剥夺、侵害妇女应当享有的土地承包经营权。

45. 土地承包期内，妇女结婚，在新居住地未取得承包地的，发包方可以收回其原承包地吗？

甲村的二丫（女）与乙村的铁柱结婚。此前，二丫已经在甲村取得承包地，但婚后因为手续原因，二丫在乙村还未取得承包地。后来二丫接到甲村土地发包人通知，因其已出嫁至外村，现要收回其承包地重新分配给其他人。二丫觉得委屈，认为自己只是外嫁，何况在乙村还没有取得承包地，只因为她结婚就要收回其原承包地不合理。发包人的做法正确吗？

根据《妇女权益保障法》的规定，不得因妇女婚姻状况的变化侵害其在农村集体经济组织中的权益。同时，根据《农村土地承包法》的规定，承包期内，妇女结婚，在新居住地未取得承包地的，发包方不得收回其原承包地。故本案中，发包方收回二丫原承包地的行为不符合法律规定。

《妇女权益保障法》

第五十六条 村民自治章程、村规民约，村民会议、村民代表会议的决定以及其他涉及村民利益事项的决定，不得以妇女未婚、结婚、离婚、丧偶、户无男性等为由，侵害妇女在农村集体经济组织中的各项权益。

因结婚男方到女方住所落户的，男方和子女享有与所在地农村集体经济组织成员平等的权益。

《农村土地承包法》

第三十一条 承包期内，妇女结婚，在新居住地未取得承包地的，发包方不得收回其原承包地；妇女离婚或者丧偶，仍在原居住地生活或者不在原居住地生活但在新居住地未取得承包地的，发包方不得收回其原承包地。

46. 女子出嫁至外村，但是未迁户口，能否享受土地补偿？

尹某（女）是某村成员，出嫁后户口未迁出。后该村部分土地被征用，村委会通过村民集体讨论决定，“外嫁女”不能作为本村集体经济组织成员分配土地补偿款。尹某认为，自己虽为“外嫁女”，但户口一直没有迁出，在新居住地没有承包地，仍具有该村集体经济组织成员资格，村委会以出嫁为由剥夺其成员资格，拒绝分配土地补偿款的行为侵害其合法权益。尹某向法院起诉维权。尹某可否要求分配相应的土地补偿份额？

我国农村土地属于农村集体经济组织成员集体所有。农村集体经济组织成员权是农民最基本的身份权，在组织成员未改变户籍性质和退出承包地之前，一般不宜认定成员资格丧失，更不能以出嫁为由排除其平等获得集体收益的权利。最终，法院判决尹某享有平等分配被征土地补偿款的权利，村委会应当给付尹某相应份额。

现实中，农村地区以男女不平等的“村规民约”侵害农村妇女土地权益的问题屡见不鲜。我国《妇女权益保障法》《农村土地承包法》明确保障农村妇女的农村集体经济组织成员权益，依法维护“外嫁女”的土地承包及相关经济权益。

《妇女权益保障法》

第五十六条第一款 村民自治章程、村规民约，村民会议、村民代表会议的决定以及其他涉及村民利益事项的决定，不得以妇女未婚、结婚、离婚、丧偶、户无男性等为由，侵害妇女在农村集体经济组织中的各项权益。

《农村土地承包法》

第六条 农村土地承包，妇女与男子享有平等的权利。承包中应当保护妇女的合法权益，任何组织和个人不得剥夺、侵害妇女应当享有的土地承包经营权。

第三十一条 承包期内，妇女结婚，在新居住地未取得承包地的，发包方不得收回其原承包地；妇女离婚或者丧偶，仍在原居住地生活或者不在原居住地生活但在新居住地未取得承包地的，发包方不得收回其原承包地。

47. 女子与城里人结婚并落户，其原有的土地承包经营权是否失效？

许雨（女）上完学之后离开了甲村，与城里人结婚并且落户，她之前获得了甲村的土地承包经营权，此时她的土地承包经营权是否失效？

《民法典》规定，承包期内发包人不得收回土地。《妇女权益保障法》规定，不得以妇女结婚等为由，侵害妇女在农村集体经济组织中的各项权益。因此，许雨虽然离开了甲村，但是其土地承包经营权仍然有效，甲村不得收回。

《民法典》

第三百三十七条 承包期内发包人不得收回承包地。法律另有规定的，依照其规定。

《妇女权益保障法》

第五十六条第一款 村民自治章程、村规民约，村民会议、村民代表会议的决定以及其他涉及村民利益事项的决定，不得以妇女未婚、结婚、离婚、丧偶、户无男性等为由，侵害妇女在农村集体经济组织中的各项权益。

《农村土地承包法》

第六条 农村土地承包，妇女与男子享有平等的权利。承包中应当保护妇女的合法权益，任何组织和个人不得剥夺、侵害妇女应当享有的土地承包经营权。

48. “外嫁女”离婚，仍在原居住地生活，发包方收回其原承包地的，发包方承担什么责任？

王某与李某（女）结婚后，二人共同生活在王某户口所在地甲村，李某也在甲村取得了土地承包经营权。后二人因感情不和离婚，但李某仍居住在甲村。但发包方却以李某已离婚，不是甲村人为由，要求收回李某手中的承包地。发包方的这种做法是否违法，应承担什么样的责任？

根据《妇女权益保障法》《农村土地承包法》的规定，任何组织和个人不得以妇女离婚为由，侵害妇女在农村集体经济组织中的各项权益；妇女离婚后仍在原居住地生活的，发包方不得收回其原承包地。因此，发包方收回李某土地承包经营权的行为违反法律规定。根据《农村土地承包法》的规定，发包方违反该法规定收回、调整承包地的，应当承担停止侵害、排除妨碍、消除危险、返还财产、恢复原状、赔偿损失等民事责任。

除此之外，发包方在以下情形下也应当承担相应民事责任：(1)干涉承包方依法享有的生产经营自主权；(2)强迫或者阻碍承包方进行土地承包经营权的互换、转让或者土地经营权流转；(3)假借少数服从多数强迫承包方放弃或者变更土地承包经营权；(4)以划分“口粮田”和“责任田”等为由收回承包地搞招标承包；(5)将承包地收回抵顶欠款；(6)剥夺、侵害妇女依法享有的土地承包经营权；(7)其他侵害土地承包经营权的行为。因此，农村妇女应该熟知这些规定，以在发包方侵害自身权益时清楚辨析，并及时维权。

《妇女权益保障法》

第五十六条 村民自治章程、村规民约，村民会议、村民代表会议的决定以及其他涉及村民利益事项的决定，不得以妇女未婚、结婚、离婚、丧偶、户无男性等为由，侵害妇女在农村集体经济组织中的各项权益。

因结婚男方到女方住所落户的，男方和子女享有与所在地农村集体经济组织成员平等的权益。

《农村土地承包法》

第三十一条 承包期内，妇女结婚，在新居住地未取得承包地的，发包方不得收回其原承包地；妇女离婚或者丧偶，仍在原居住地生活或者不在原居住地生活但在新居住地未取得承包地的，发包方不得收回其原承包地。

第五十七条 发包方有下列行为之一的，应当承担停止侵害、排除妨碍、消除危险、返还财产、恢复原状、赔偿损失等民事责任：

（一）干涉承包方依法享有的生产经营自主权；

（二）违反本法规定收回、调整承包地；

（三）强迫或者阻碍承包方进行土地承包经营权的互换、转让或者土地经营权流转；

（四）假借少数服从多数强迫承包方放弃或者变更土地承包经营权；

（五）以划分“口粮田”和“责任田”等为由收回承包地搞招标承包；

（六）将承包地收回抵顶欠款；

（七）剥夺、侵害妇女依法享有的土地承包经营权；

（八）其他侵害土地承包经营权的行为。

49. 在农村，如何保护结婚后到女方住所落户的男子的权益？

阿梅（女）是甲村村民，家庭富裕；大春是乙村村民，勤劳踏实。二人经熟人介绍认识 1 年后结婚。因阿梅家承包了大片果园，需要人手打理经营，故阿梅父亲提出让大春落户到甲村阿梅家里，也便于之后生活工作。大春落户甲村后，常被人指指点点，说他是“倒插门”，是外来人，不应该给他分地。大春很是郁闷，感觉自己被歧视了。法律对于大春这样结婚后落户女方住所地的男子的相关权益有什么保护？

根据《妇女权益保障法》的规定，农村妇女结婚，男方到女方落户的，享有与户口所在地村民同等的权益；子女可以随父母落户，享有户口所在地村民同等的权益。因此，本案中大春不应遭受任何歧视，他与甲村所有村民享有同等的权益。

《妇女权益保障法》

第五十六条第二款 因结婚男方到女方住所落户的，男方和子女享有与所在地农村集体经济组织成员平等的权益。

（四）妇女继承权的保护

50. 家产“传男不传女”的做法符合法律规定吗？

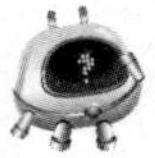

甲村王叔家有两个孩子，分别是大贤和大甜（女）。但因王叔重男轻女，大甜很早就工作挣钱贴补家用，也一直承担照顾重病母亲的义务；反而，大贤整日游手好闲，也不照顾父母。王叔却一直强调，两位老人去世后，家里的房子和钱都要留给大贤，而大甜早晚要嫁出去的，没有继承家产的权利。大甜因此很是伤心。王叔的说法正确吗？

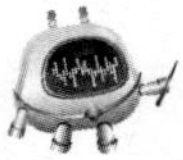

根据我国《民法典》《妇女权益保障法》的规定，妇女享有的与男子平等的财产继承权受法律保护。在同一顺序法定继承人中，不得歧视妇女。因此，没有任何理由地决定家产“传男不传女”的做法不符合法律规定。本案中，大甜尽到了赡养父母的义务，作为子女，其对父母的财产享有继承权，其父亲的说法是错误的。

《民法典》

第一千一百二十六条 继承权男女平等。

《妇女权益保障法》

第五十八条第一款 妇女享有与男子平等的继承权。妇女依法行使继承权，不受歧视。

51. “外嫁女”是否享有继承父母财产的权利？

小王（女）是甲村村民，与乙村村民结婚后便将户口迁入乙村，并在乙村生活。后其父因病去世，葬礼结束后，小王弟弟与其关于父亲遗产的继承问题起了争执。小王弟弟认为，小王已经嫁到外村，且户口已经迁出，已经不是自己家人了，不能继承父亲的财产。小王弟弟的说法正确吗？

根据我国法律的规定，妇女的继承权同样受到保护，且继承过程中不得歧视妇女。父母子女关系不因子女婚姻状态的改变有所变化，因此，即使女性出嫁至外村，其与父母的关系不会发生改变，其依然有权利继承父母的财产，任何人不得以其外嫁为由剥夺其合法继承权。故小王弟弟的说法是错误的。

《妇女权益保障法》

第五十八条第一款 *妇女享有与男子平等的继承权。妇女依法行使继承权，不受歧视。*

52. 女子是否有继承、使用丈夫遗产的权利？

何云（女）与丈夫吕端结婚后，离开娘家，生活在丈夫的老家吕家庄。两人非常恩爱，积累了不少财产，却没有孩子。吕端遭遇车祸去世，何云想要离开这个伤心地回娘家。吕端的父母、族人拦住何云，对她说，一分钱也不准带走。那么，何云是否有继承、使用吕端遗产的权利？

根据《民法典》的规定，妻子是丈夫财产的第一顺序继承人。

《妇女权益保障法》规定，妇女享受与男子平等的财产继承权。因此，何云有权继承吕端的遗产，并且有权支配、使用，任何人都不能干涉。吕端父母、族人的行为是违法的。

《妇女权益保障法》

第五十八条 妇女享有与男子平等的继承权。妇女依法行使继承权，不受歧视。

丧偶妇女有权依法处分继承的财产，任何组织和个人不得干涉。

《民法典》

第一千一百二十七条第一款 遗产按照下列顺序继承：

（一）第一顺序：配偶、子女、父母；

……

53. 女子继承丈夫财产后再婚的，还可以继续拥有前夫的财产吗？

贾短短与秦可怜（女）结婚后，一直努力工作，积累了不少财富。但是，好景不长，贾短短心脏病突发去世。秦可怜继承了贾短短的财产。1 年后，秦可怜再婚。贾短短的母亲非常气愤，要求秦可怜归还贾短短的财产。贾短短的母亲有权这么做吗？

《民法典》规定，夫妻一方死亡后另一方再婚的，有权处分所继承的财产，任何组织或者个人不得干涉。秦可怜有权决定自己的婚姻，再婚后，也有权处分自己所继承的财产，贾短短的母亲不得干涉。

《民法典》

第一千一百五十七条 夫妻一方死亡后另一方再婚的，有权处分所继承的财产，任何组织或者个人不得干涉。

54. 女子在丈夫去世之后，继续对公婆尽了赡养义务的，是否有权继承公婆的遗产？

王宝宝（女）与薛贵贵结婚之后，薛贵贵外出打工，不幸去世。王宝宝照顾薛贵贵母亲的起居生活，履行了赡养义务。薛贵贵的母亲去世后，王宝宝可以继承薛母的遗产吗？

《民法典》《妇女权益保障法》规定，丧偶儿媳对公婆尽了主要赡养义务的，作为第一顺序继承人。所以，王宝宝可以作为第一顺序继承人，继承薛母的遗产。

《妇女权益保障法》

第五十九条 丧偶儿媳对公婆尽了主要赡养义务的，作为第一顺序继承人，其继承权不受子女代位继承的影响。

《民法典》

第一千一百二十九条 丧偶儿媳对公婆，丧偶女婿对岳父母，尽了主要赡养义务的，作为第一顺序继承人。

六、人身权利

(一)人身自由权

55. 我国法律对于妇女的人身自由权作出了哪些保障规定?

根据《宪法》《妇女权益保障法》的规定,我国妇女的人身自由不受侵犯。通常来说,侵犯妇女人身自由的非法行为主要有三类:(1)非法拘禁妇女;(2)以其他非法手段剥夺或者限制妇女的人身自由;(3)非法搜查妇女的身体。这三类行为都是被法律所明令禁止的。

《宪法》

第三十七条第一款 中华人民共和国公民的人身自由不受侵犯。

《妇女权益保障法》

第十九条 妇女的人身自由不受侵犯。禁止非法拘禁和以其他非法手段剥夺或者限制妇女的人身自由;禁止非法搜查妇女的身体。

56. 我国法律对于非法搜查妇女身体的,规定了哪些处罚?

韩梅(女)在某工厂工作,工厂最近出现产品丢失事件,工厂保安加大了巡查力度。某一天下班后,韩梅被保安拦住,保安怀疑韩梅偷东西,并且把韩梅带到了保卫处,强迫韩梅脱下衣裤接受检查。

保安的行为是否违法？其应当受到哪些处罚？

妇女享有人身自由，禁止非法搜查妇女的身体。工厂保安的行为已经构成非法搜查，如果保安在搜查工作中行为恶劣，可能涉嫌违反《治安管理处罚法》，将受到拘留、罚款等行政处罚；严重的，甚至涉嫌违反《刑法》，或被判处刑罚。

《刑法》

第二百四十五条第一款 非法搜查他人身体、住宅，或者非法侵入他人住宅的，处三年以下有期徒刑或者拘役。

《治安管理处罚法》

第四十条 有下列行为之一的，处十日以上十五日以下拘留，并处五百元以上一千元以下罚款；情节较轻的，处五日以上十日以下拘留，并处二百元以上五百元以下罚款：

……

（三）非法限制他人人身自由、非法侵入他人住宅或者非法搜查他人身体的。

57. 我国法律对于非法拘禁妇女的，规定了哪些处罚？

孔女（女）赌博输给同村村民金玉1万元，孔女没钱归还，金玉一怒之下把孔女拉进自家地窖，并将孔女关押，逼迫其还款。孔女被金玉关了两天两夜，身体脱水休克。金玉怕出人命，才把孔女送回家。金玉的行为将受到什么处罚？

我国法律禁止非法拘禁妇女，并规定，对此行为予以治安管理处罚。行为特别严重的，可能构成非法拘禁罪，行为人将受到刑事处罚。金玉将孔女拉进地窖关押两天两夜，并且对孔女身体造成伤害，将受到《刑法》的处罚。

《刑法》

第二百三十八条 非法拘禁他人或者以其他方法非法剥夺他人人身自由的，处三年以下有期徒刑、拘役、管制或者剥夺政治权利。具有殴打、侮辱情节的，从重处罚。

犯前款罪，致人重伤的，处三年以上十年以下有期徒刑；致人死亡的，处十年以上有期徒刑。使用暴力致人伤残、死亡的，依照本法第二百三十四条、第二百三十二条的规定定罪处罚。

为索取债务非法扣押、拘禁他人的，依照前两款的规定处罚。

国家机关工作人员利用职权犯前三款罪的，依照前三款的规定从重处罚。

《治安管理处罚法》

第四十条 有下列行为之一的，处十日以上十五日以下拘留，并处五百元以上一千元以下罚款；情节较轻的，处五日以上十日以下拘留，并处二百元以上五百元以下罚款：

……

（三）非法限制他人人身自由、非法侵入他人住宅或者非法搜查他人身体的。

（二）生命健康权

58. 我国《妇女权益保障法》对于妇女生命健康权的保护做了哪些特别规定？

我国《妇女权益保障法》第38条规定，妇女的生命健康权不受侵犯。并且，该法明确规定：（1）禁止溺、弃、残害女婴；（2）禁止歧视、虐待生育女婴的妇女和不育的妇女；（3）禁止用迷信、暴力等手段残害妇女；（4）禁止虐待、遗弃病、残妇女和老年妇女。

59. 虐待妇女的人，将受到怎样的法律惩罚？

郝建怀疑妻子有外遇，将妻子关在屋子里，用皮带、电饭煲电源线抽打妻子，逼迫妻子脱光衣服、拍摄裸照以及裸体视频，并用红色的水彩笔在妻子身上书写侮辱字眼，造成妻子轻微伤。郝建的行为是否构成虐待？他将受到什么惩罚？

郝建采取殴打、逼迫妻子脱衣服等非法方式，从肉体和精神上摧残妻子，并造成妻子轻微伤，情节恶劣，构成虐待罪。根据我国《刑法》的规定，应当受到刑事处罚。除了《刑法》，《治安管理处罚法》也对虐待行为将受到的处罚作出了规定。

《刑法》

第二百六十条 虐待家庭成员，情节恶劣的，处二年以下有期徒刑、拘役或者管制。

犯前款罪，致使被害人重伤、死亡的，处二年以上七年以下有期徒刑。

第一款罪，告诉的才处理，但被害人没有能力告诉，或者因受到强制、威吓无法告诉的除外。

《治安管理处罚法》

第四十五条 有下列行为之一的，处五日以下拘留或者警告：

（一）虐待家庭成员，被虐待人要求处理的；

……

60. 什么是强奸妇女？强奸妇女的，将受到什么处罚？

翠莲（女）跟东宝是从小到大的朋友，东宝一直喜欢翠莲，但是翠莲嫁给了别人，东宝一直怀恨在心。一天，趁着翠莲的丈夫外出办事，翠莲生病卧床，东宝强行与翠莲发生性关系。东宝的行为是否构成犯罪？其将受到什么处罚？

强奸罪，是指违背女性意志，使用暴力、胁迫或者其他手段，强行与妇女发生性交的行为或者与不满 14 周岁的幼女发生性交的行为。根据我国《刑法》的规定，强奸是对妇女的重大犯罪，将被判处 3 年以上有期徒刑；有特殊情形的，还要从重处罚。东宝违背翠莲的意愿，与其性交，已经构成强奸罪，他将受到严厉的刑事处罚。

《刑法》

第二百三十六条 以暴力、胁迫或者其他手段强奸妇女的，处三年以上十年以下有期徒刑。

……

强奸妇女、奸淫幼女，有下列情形之一的，处十年以上有期徒刑、无期徒刑或者死刑：

（一）强奸妇女、奸淫幼女情节恶劣的；

（二）强奸妇女、奸淫幼女多人的；

（三）在公共场所当众强奸妇女、奸淫幼女的；

（四）二人以上轮奸的；

（五）奸淫不满十周岁的幼女或者造成幼女伤害的；

（六）致使被害人重伤、死亡或者造成其他严重后果的。

61. 强奸幼女的，将受到什么处罚？

小花（女）今年12岁，父母在外打工，她跟爷爷、奶奶在村里生活。魏老赖觉得小花非常可爱，于是心生邪念，以帮小花买新衣服为名将小花骗到自己家强奸。魏老赖将受到什么处罚？

根据我国《刑法》的规定，奸淫不满14周岁的幼女的，构成强奸罪，并且要从重处罚。根据《关于依法惩治性侵害未成年人犯罪的意见》，对农村留守儿童实施强奸的，要从严惩处。因此，魏老赖的行为构成强奸罪，而且要受到从重、从严的处罚。

《刑法》

第二百三十六条第二款 奸淫不满十四周岁的幼女的，以强奸论，从重处罚。

62. 殴打或者故意伤害妇女身体的，将受到什么处罚？

巧嫂和灵姑下地干活的时候发生争吵，巧嫂回家告诉了丈夫巧哥，让巧哥为自己出头。巧哥拎着铁锹找到灵姑，劈头就打。经鉴定，灵姑受到轻伤。巧哥的行为将受到什么处罚？

我国法律规定，殴打他人的，或者故意伤害他人身体的，将受到治安管理处罚甚至刑罚。巧哥拿铁锹故意伤害灵姑，造成灵姑轻伤，根据《关于常见犯罪的量刑指导意见》，已经构成犯罪，可能会被判处2年以下有期徒刑。

《治安管理处罚法》

第四十三条 殴打他人的，或者故意伤害他人身体的，处五日以上十日以下拘留，并处二百元以上五百元以下罚款；情节较轻的，处五日以下拘留或者五百元以下罚款。

有下列情形之一的，处十日以上十五日以下拘留，并处五百元以上一千元以下罚款：

（一）结伙殴打、伤害他人的；

（二）殴打、伤害残疾人、孕妇、不满十四周岁的人或者六十周岁以上的人的；

（三）多次殴打、伤害他人或者一次殴打、伤害多人的。

《刑法》

第二百三十四条 故意伤害他人身体的，处三年以下有期徒刑、拘役或者管制。

犯前款罪，致人重伤的，处三年以上十年以下有期徒刑；致人死亡或者以特别残忍手段致人重伤造成严重残疾的，处十年以上有期徒刑、无期徒刑或者死刑。本法另有规定的，依照规定。

63. 负有照护职责的人员实施性侵行为的，将受到什么处罚？

小桃（女）是初三学生（15 岁），在上体育课的时候晕倒。同学们将她送到村里的卫生所。卫生所吴医生给小桃输液，吴医生看到小桃长得很漂亮，趁她熟睡，对她实施了性侵行为。吴医生的行为将受到什么处罚？

根据《刑法》的规定，吴医生对于小桃具有特殊职责，却利用治疗小桃的机会对其实施性侵行为，其行为已经构成犯罪，将被处以有期徒刑。

《刑法》

第二百三十六条之一 对已满十四周岁不满十六周岁的未成年女性负有监护、收养、看护、教育、医疗等特殊职责的人员，与该未成年女性发生性关系的，处三年以下有期徒刑；情节恶劣的，处三年以上十年以下有期徒刑。

有前款行为，同时又构成本法第二百三十六条规定之罪的，依照处罚较重的规定定罪处罚。

64. 强制猥亵、侮辱妇女的，将受到什么处罚？

赶集的时候，一群人起哄，让于老二去亲张花花（女）。于老二嬉皮笑脸地摸张花花的脸和胸。张花花很生气，打了于老二一巴掌，于老二被激怒了，当众扒掉张花花的衣服，强行跟张花花亲嘴，还用手抠摸张花花下体。张花花悲愤交加，喝农药自杀，幸好被人发现阻止。于老二的行为应当受到什么处罚？

强制猥亵、侮辱，是指违背他人的意愿，以搂抱、抠摸等淫秽下流的手段侵犯他人性权利以及侮辱他人的行为。于老二在公共场所，用暴力的方法侵犯张花花的性权利，构成强制猥亵、侮辱罪，根据《刑法》的规定，应当受到刑事处罚。

《刑法》

第二百三十七条 以暴力、胁迫或者其他方法强制猥亵他人或者侮辱妇女的，处五年以下有期徒刑或者拘役。

聚众或者在公共场所当众犯前款罪的，或者有其他恶劣情节的，处五年以上有期徒刑。

……

65. 猥亵女童的，将受到什么处罚？

赖某是村小学校长，有特殊的性爱好，为了满足自己的性刺激，他逼迫低年级的女孩儿拍摄裸体照片和不雅视频；受害女童总是哭泣，不肯上学，甚至得了抑郁症。后来家长发现了，向公安机关报案。赖校长的行为构成什么犯罪？其应当受到什么处罚？

根据我国《刑法》的规定，猥亵儿童的，处 5 年以下有期徒刑；有特殊情形的，处 5 年以上有期徒刑。赖某为了满足自己的性刺激，强迫儿童拍摄裸体照片和不雅视频，严重侵害了女童的人格尊严和心理健康，构成猥亵儿童罪，将被处以有期徒刑。

《刑法》

第二百三十七条第三款 猥亵儿童的，处五年以下有期徒刑；有下列情形之一的，处五年以上有期徒刑：

（一）猥亵儿童多人或者多次的；

（二）聚众猥亵儿童的，或者在公共场所当众猥亵儿童，情节恶劣的；

（三）造成儿童伤害或者其他严重后果的；

（四）猥亵手段恶劣或者有其他恶劣情节的。

66. 在公共场所故意向女性裸露身体，引起女性反感的，是否应当受到处罚？

一天，津津（女）红着脸对妈妈说，最近放学路上都会在村口遇到一个“怪人”，他穿一件军大衣，看到她们女学生，就把大衣敞开，裸露下体。女孩子们吓得大叫跑开，“怪人”就特别开心，继续光着身子追她们，有几个女孩子甚至吓出病来，不敢上学。这个“怪人”的行为是违法的吗？

《治安管理处罚法》规定，猥亵他人的，或者在公共场所故意裸露身体，情节恶劣的，处 5 日以上 10 日以下拘留。村口的“怪人”故意向女学生裸露下体，并以此为乐，对女学生的身心健康造成了很大的伤害，将受到拘留的处罚。

《治安管理处罚法》

第四十四条 猥亵他人的，或者在公共场所故意裸露身体，情节恶劣的，处五日以上十日以下拘留；猥亵智力残疾人、精神病人、不满十四周岁的人或者有其他严重情节的，处十日以上十五日以下拘留。

（三）禁止拐卖、绑架妇女

67. 什么是拐卖妇女、儿童罪？拐卖妇女、儿童的，将受到什么处罚？

兰姨是个“人贩子”，常常将女孩子拐骗，运送到贫困地区，卖给那里的人做老婆。经过警方的周密部署，兰姨和她的团伙被破获。兰姨的行为将受到什么处罚？

根据我国《刑法》的规定，拐卖妇女、儿童，是指以出卖为目的，有拐骗、绑架、收买、贩卖、接送、中转妇女、儿童的行为之一的。

拐骗，是指采用欺骗、利诱等方法使被害人轻信后脱离家庭，置于行为人控制之下。

绑架，是指以暴力、胁迫或者麻醉等方法劫持妇女、儿童。

收买，是指以出卖为目的，用一定的财物购买妇女、儿童。

贩卖，是指将拐骗、绑架、收买的妇女、儿童转手出卖。

接送、中转，是指接送被害人或者将被害人转手交给其他“人贩子”，为“人贩子”找买主、为“人贩子”在拐卖途中窝藏、看管被拐卖的妇女、儿童等。

拐卖妇女、儿童是我国《刑法》严厉打击的严重犯罪行为；情节特别严重的，将会被判处死刑。

《刑法》

第二百四十条 拐卖妇女、儿童的，处五年以上十年以下有期徒刑，并处罚金；有下列情形之一的，处十年以上有期徒刑或者无期徒刑，并处罚金或者没收财产；情节特别严重的，处死刑，并处没收财产：

（一）拐卖妇女、儿童集团的首要分子；

（二）拐卖妇女、儿童三人以上的；

（三）奸淫被拐卖的妇女的；

（四）诱骗、强迫被拐卖的妇女卖淫或者将被拐卖的妇女卖给他人迫使其卖淫的；

（五）以出卖为目的，使用暴力、胁迫或者麻醉方法绑架妇女、儿童的；

（六）以出卖为目的，偷盗婴幼儿的；

（七）造成被拐卖的妇女、儿童或者其亲属重伤、死亡或者其他严重后果的；

（八）将妇女、儿童卖往境外的。

拐卖妇女、儿童是指以出卖为目的，有拐骗、绑架、收买、贩卖、接送、中转妇女、儿童的行为之一的。

《妇女权益保障法》

第二十二条第一款 禁止拐卖、绑架妇女；禁止收买被拐卖、绑架的妇女；

禁止阻碍解救被拐卖、绑架的妇女。

68. 收买被拐卖的妇女的，是否也构成犯罪？

老牛家里特别穷，一直娶不到媳妇，他听人说兰姨那里“卖女人”，于是花钱买了一个女孩当老婆。女孩多次逃跑，老牛把她关在家里。公安机关多次排查来历不明人员，老牛都隐瞒不报，把女孩藏起来。老牛的行为是否构成犯罪？

我国《刑法》明确规定，收买被拐卖的妇女的，也是犯罪，将被处以 3 年以下有期徒刑、拘役或者管制。老牛明知女孩是被拐卖的，还花钱收买，并且用非法手段阻止女孩逃跑，在公安排查的时候隐瞒不报，构成收买被拐卖的妇女、儿童罪，将受到刑事处罚。

《刑法》

第二百四十一条第一款 收买被拐卖的妇女、儿童的，处三年以下有期徒刑、拘役或者管制。

《妇女权益保障法》

第二十二条第一款 禁止拐卖、绑架妇女；禁止收买被拐卖、绑架的妇女；禁止阻碍解救被拐卖、绑架的妇女。

69. 收买被拐卖的妇女后，与其发生性关系的，是否构成强奸罪？

老牛将女孩买回来后，要与女孩发生性关系，让女孩为他生孩子。女孩誓死不从，老牛打骂女孩，把她捆绑起来，强行发生性关系。老牛的行为构成强奸罪吗？

我国《刑法》明确规定，收买被拐卖的妇女，强行与其发生性关系的，依照强奸罪的规定定罪处罚，同时按照收买被拐卖的妇女、儿童罪数罪并罚。所以，老牛的行为构成强奸罪，而且要数罪并罚，他受到的处罚要比强奸罪的处罚更加严重。

《刑法》

第二百四十一条 ……

收买被拐卖的妇女，强行与其发生性关系的，依照本法第二百三十六条的规定定罪处罚。

……

收买被拐卖的妇女、儿童，并有第二款、第三款规定的犯罪行为的，依照数罪并罚的规定处罚。

……

70. 收买被拐卖的妇女后，有非法剥夺、限制其人身自由或者有伤害、侮辱等行为的，构成什么犯罪？

老牛跟买来的女孩“结婚”后，女孩总是哭哭啼啼，老牛觉得晦气，总是对她拳打脚踢，甚至拿烧火棍烫她。女孩多次受伤，老牛也不闻不问，导致女孩身体状况非常差。老牛打骂、虐待女孩的行为是否构成犯罪？

我国《刑法》明确规定，收买被拐卖的妇女、儿童，非法剥夺、限制其人身自由或者有伤害、侮辱等犯罪行为的，依照该法的有关规定定罪处罚。老牛收买女孩，除了构成收买被拐卖的妇女、儿童罪，如果有非法剥夺、限制人身自由的行为，还会构成非法拘禁罪；如果有虐待行为，还会构成虐待罪；如果有故意伤害行为，还会构成故意伤害罪。

《刑法》

第二百四十一条 ……

收买被拐卖的妇女、儿童，非法剥夺、限制其人身自由或者有伤害、侮辱等犯罪行为的，依照本法的有关规定定罪处罚。

收买被拐卖的妇女、儿童，并有第二款、第三款规定的犯罪行为的，依照数罪并罚的规定处罚。

……

71. 哪些部门负有解救被拐卖、绑架的妇女的义务？

女孩趁老牛外出，终于逃了出来，她害怕再被老牛抓回去，不知道该找哪些部门求助，我国法律对此有什么规定？

我国《妇女权益保障法》规定，各级人民政府和公安、民政、劳动和社会保障、卫生等部门按照其职责及时采取措施解救被拐卖、绑架的妇女，做好善后工作，妇女联合会协助和配合做好有关工作。

女孩应该第一时间向公安机关报案，寻求帮助。如果找不到公安机关，可以向各级政府和其他有关部门求助，它们都有救助她的义务。

《妇女权益保障法》

第二十二条第二款 各级人民政府和公安、民政、人力资源和社会保障、卫生健康等部门及村民委员会、居民委员会按照各自的职责及时发现报告，并采取措施解救被拐卖、绑架的妇女，做好被解救妇女的安置、救助和关爱等工作。妇女联合会协助和配合做好有关工作。任何组织和个人不得歧视被拐卖、绑架的妇女。

72. 阻碍国家机关工作人员解救被收买的妇女的，是否构成犯罪？

女孩逃跑后，联系到了家里人，但还没等家里人来救她，就又被老牛抓走了。女孩家人报警，警察出动营救女孩。老牛叫来自己的本家兄弟，拿起铁锹、斧头，对抗警察，坚决不放女孩走。老牛的行为构成什么犯罪？

我国《刑法》明确规定，以暴力、威胁方法阻碍国家机关工作人员解救被收买的妇女、儿童的，依照妨害公务罪定罪处罚。如果是聚众阻碍国家机关工作人员解救被收买的妇女、儿童的首要分子，构成聚众阻碍解救被收买的妇女、儿童罪。老牛纠集众人阻碍警察解救女孩，构成聚众阻碍解救被收买的妇女、儿童罪，将被处以5年以下有期徒刑。

《刑法》

第二百四十二条 以暴力、威胁方法阻碍国家机关工作人员解救被收买的妇女、儿童的，依照本法第二百七十七条的规定定罪处罚。

聚众阻碍国家机关工作人员解救被收买的妇女、儿童的首要分子，处五年以下有期徒刑或者拘役；其他参与者使用暴力、威胁方法的，依照前款的规定处罚。

73. 对被拐卖、绑架妇女负有解救职责的国家工作人员，接到举报不进行解救的，要承担什么责任？

女孩找到了公安机关报案，但是接警的老马是老牛的老乡，他不但不解救女孩，还把女孩送回了老牛家。老马要承担什么责任？

对被拐卖、绑架妇女负有解救职责的国家工作人员，接到举报之后，应当积极履行解救职责，维护妇女的权益。如果不进行解救，造成严重后果，甚至利用职务阻碍解救的，要被处以刑事处罚。老马作为公安干警，负有解救职责，但他不但不履行职责，反而将女孩送回老牛家，阻碍其被解救，情形恶劣，应当承担刑事责任。

《刑法》

第四百一十六条 对被拐卖、绑架的妇女、儿童负有解救职责的国家机关工作人员，接到被拐卖、绑架的妇女、儿童及其家属的解救要求或者接到其他人的举报，而对被拐卖、绑架的妇女、儿童不进行解救，造成严重后果的，处五年以下有期徒刑或者拘役。

负有解救职责的国家机关工作人员利用职务阻碍解救的，处二年以上七年以下有期徒刑；情节较轻的，处二年以下有期徒刑或者拘役。

（四）禁止性骚扰

74. 什么是性骚扰？

小青（女）考出农村，在县城上大学，毕业后留在县城工作。她一直对工作很满意，直到调来一个新经理。这个经理时常在工作场合对她进行身体接触，如走到其座位的时候触碰其上身、在走廊中碰到时故意将其挤到墙角进行身体接触等。小青感觉害怕又反感，但不知道该怎么办。她对朋友说了这个情况后，朋友告诉她这已经属于性骚扰行为，应该向单位反映情况后寻求法律途径维权。谁知小青将这件事情反映到人力资源部门，经理被叫来了解情况时态度强硬，反驳道，其行为不是性方面的骚扰，不属于性骚扰。小青一时不知道该怎么办，她不知道自己经历的事情究竟属不属于“性骚扰”。

我国法律没有明确规定“性骚扰”的定义，亦没有任何规定将

“性骚扰”限定为“性方面的骚扰”。“禁止性骚扰”的规定作为一种保护性规定，不能对所限制行为进行限缩解释；性骚扰应该指具有性本质内容的、不受欢迎的侵权行为。根据《民法典》的规定，“性骚扰”有多种途径，包括言语、文字、图像、肢体行为等方式；其重要特点是“违背他人意志”。性骚扰与打情骂俏的区别也在于此，即是否有违背当事人意志的情况，受害人是否对该行为产生厌恶或恐惧、愤怒等负面情绪。因此，广大女性同胞应该对日常工作生活中类似行为保持警惕，如果有人对自己实施了性骚扰行为，一定要及时制止，并拿起法律武器保护自己的合法权益。

《民法典》

第一千零一十条第一款 违背他人意愿，以言语、文字、图像、肢体行为等方式对他人实施性骚扰的，受害人有权依法请求行为人承担民事责任。

75. 对妇女进行性骚扰的，将受到什么处罚？

刘忙喜欢同一个工厂的姑娘小芳，但是小芳并不喜欢刘忙。刘忙不死心，总是给小芳发一些黄色信息、图片、视频。小芳不回信息，刘忙还侮辱小芳，说她装纯情、假正经，甚至恐吓、威胁小芳，让小芳无法正常工作，被迫辞职。小芳向公安机关报案，刘忙会受到什么处罚呢？

根据我国《治安管理处罚法》的规定，多次发送淫秽、侮辱、恐吓或者其他信息，干扰他人正常生活的，处 5 日以下拘留或者 500 元以下罚款。刘忙发送淫秽、侮辱恐吓的信息，干扰了小芳的正常生活，刘忙将受到拘留或者罚款的处罚。

《治安管理处罚法》

第四十二条 有下列行为之一的，处五日以下拘留或者五百元以下罚款；情节较重的，处五日以上十日以下拘留，可以并处五百元以下罚款：

……

（五）多次发送淫秽、侮辱、恐吓或者其他信息，干扰他人正常生活的；

……

76. 什么是猥亵女童的行为？猥亵女童应当受到何种惩罚？

赵四看村里有好多“留守女童”，这些孩子生活条件不好，缺衣少食，赵四就拿一些糖果、玩具哄骗女孩子到家里，亲她们，抠摸她们的下体。赵四的行为将受到什么处罚？

猥亵女童，是指对于不满14周岁的女童实施抠摸、指奸等淫秽下流的行为。我国《刑法》规定，猥亵儿童的，构成犯罪。赵四对多名女童实施了猥亵行为，根据《刑法》的规定，应当被处以5年以上有期徒刑。家长也要告诉女孩子，不要被别人的小恩小惠所蒙蔽，要保护好自己。

《刑法》

第二百三十七条第三款 猥亵儿童的，处五年以下有期徒刑；有下列情形之一的，处五年以上有期徒刑：

（一）猥亵儿童多人或者多次的；

（二）聚众猥亵儿童的，或者在公共场所当众猥亵儿童，情节恶劣的；

（三）造成儿童伤害或者其他严重后果的；

（四）猥亵手段恶劣或者有其他恶劣情节的。

77. 女性面对性骚扰行为，应当如何保护自己的权利？

小丽（女）是甲村村民，大学毕业后入职一家公司做文秘。小丽平时开朗大方、温柔可人，深受领导、同事喜爱。近日，小丽的上司辛总总是通过微信、电子邮件给小丽发一些挑逗性文字，有时甚至趁工作之机对小丽进行亲密身体接触。小丽可以请求辛总承担民事责任吗？

《民法典》规定，违背他人意愿，以言语、文字、图像、肢体行为等方式对他人实施性骚扰的，受害人有权依法请求行为人承担民事责任。同时，根据《妇女权益保障法》的规定，性骚扰行为的受害妇女有权向单位和有关机关投诉。因此，小丽一方面可以向单位和有关机关投诉，另一方面还可以请求辛总承担民事责任。

《民法典》

第一千零一十条第一款 违背他人意愿，以言语、文字、图像、肢体行为等方式对他人实施性骚扰的，受害人有权依法请求行为人承担民事责任。

《妇女权益保障法》

第二十三条 禁止违背妇女意愿，以言语、文字、图像、肢体行为等方式对其实施性骚扰。

受害妇女可以向有关单位和国家机关投诉。接到投诉的有关单位和国家机关应当及时处理，并书面告知处理结果。

受害妇女可以向公安机关报案，也可以向人民法院提起民事诉讼，依法请求行为人承担民事责任。

78. 单位对防止“职场性骚扰”有何义务？

香秀（女）进城务工，进了一个小公司做文职工作。进公司不久，香秀便遭到上司的性骚扰。而且，她发现，公司这种行为屡见不鲜，不少刚进公司的年轻小姑娘都经历过类似的事情。她认为事情发展成这样，公司也有责任，但不清楚法律上对单位防止“职场性骚扰”的义务有没有明确规定。

根据《民法典》《女职工劳动保护特别规定》等的规定，各单位应当采取一定措施，防止和制止利用职权、从属关系等实施性骚扰，具体包括：(1)建立有效的事前预防机制：采取合理的措施预防性骚扰。例如，用人单位可以在规章制度中对性骚扰行为进行尽量详细的列举，明确禁止性骚扰及对此的惩戒措施，明确禁止事后报复行为；对职工进行反性骚扰的教育；营造公开透明、可以安全工作的环境。(2)建立有效的事后处理机制：受理与性骚扰有关的投诉，并据实调查、处置相关人员。

《民法典》

第一千零一十条第二款 机关、企业、学校等单位应当采取合理的预防、受理投诉、调查处置等措施，防止和制止利用职权、从属关系等实施性骚扰。

《女职工劳动保护特别规定》

第十一条 在劳动场所，用人单位应当预防和制止对女职工的性骚扰。

(五)禁止卖淫、嫖娼

79. 组织、强迫妇女卖淫的，将受到何种处罚？

张某在城里开了一家歌舞厅，他用花言巧语哄骗村里的十多个女孩子来歌舞厅工作。张某提供嫖客信息，安排女孩子提供卖淫服务，并且收取嫖资。女孩小王拒绝卖淫，张某对其拳打脚踢，并强行扒掉小王的衣服，迫使其从事卖淫活动。张某的行为应当受到何种处罚？

组织他人卖淫，是指组织多人实施卖淫行为。强迫他人卖淫，是指行为人采取暴力、威胁或者其他手段，违背他人意志，迫使他人卖淫的行为。张某的行为构成了组织、强迫妇女卖淫罪，应当被处以 5 年以上有期徒刑。

《刑法》

第三百五十八条 组织、强迫他人卖淫的，处五年以上十年以下有期徒刑，并处罚金；情节严重的，处十年以上有期徒刑或者无期徒刑，并处罚金或者没收财产。

组织、强迫未成年人卖淫的，依照前款的规定从重处罚。

犯前两款罪，并有杀害、伤害、强奸、绑架等犯罪行为的，依照数罪并罚的规定处罚。

……

《妇女权益保障法》

第二十七条 禁止卖淫、嫖娼；禁止组织、强迫、引诱、容留、介绍妇女卖淫或者对妇女进行猥亵活动；禁止组织、强迫、引诱、容留、介绍妇女在任何场所或者利用网络进行淫秽表演活动。

80. 没有组织妇女卖淫，只是提供场所的，是否构成犯罪？

张某的歌舞厅被公安机关关停。张某联系开宾馆的老乡李某，借用李某的宾馆组织实施卖淫行为。李某想，自己并没有组织卖淫，只是提供场所，应该不构成犯罪。李某的想法是正确的吗？

根据《刑法》的规定，引诱、容留、介绍卖淫的，构成引诱、容留、介绍卖淫罪。引诱，是指引诱没有卖淫习性的人从事卖淫活动。容留，是指故意为他人从事卖淫、嫖娼活动提供场所的行为。介绍，是指为卖淫人与嫖客寻找对象，并在他们中间牵线搭桥的行为。李某提供卖淫场所，属于容留卖淫的行为，构成引诱、容留、介绍卖淫罪。

《刑法》

第三百五十九条　引诱、容留、介绍他人卖淫的，处五年以下有期徒刑、拘役或者管制，并处罚金；情节严重的，处五年以上有期徒刑，并处罚金。

引诱不满十四周岁的幼女卖淫的，处五年以上有期徒刑，并处罚金。

第三百六十一条　旅馆业、饮食服务业、文化娱乐业、出租汽车业等单位的人员，利用本单位的条件，组织、强迫、引诱、容留、介绍他人卖淫的，依照本法第三百五十八条、第三百五十九条的规定定罪处罚。

前款所列单位的主要负责人，犯前款罪的，从重处罚。

81. 卖淫、嫖娼的，是否构成犯罪？是否应当受到处罚？

赵楚楚（女）是张某的老乡，被张某骗到城里从事卖淫活动。张某被公安机关抓获的同时，赵楚楚也被抓获。赵楚楚作为卖淫女，是否构成犯罪？

根据我国法律的规定，卖淫并不构成犯罪。但是，我国法律明确禁止卖淫、嫖娼。所以，赵楚楚的行为也是要受到治安管理处罚的。

《治安管理处罚法》

第六十六条　卖淫、嫖娼的，处十日以上十五日以下拘留，可以并处五千元以下罚款；情节较轻的，处五日以下拘留或者五百元以下罚款。

在公共场所拉客招嫖的，处五日以下拘留或者五百元以下罚款。

（六）保护妇女的人格权

82. 妇女有哪些人格权？我国法律对此作出哪些规定？

根据我国《民法典》《妇女权益保障法》的规定，妇女享有的人格权主要包括：（1）生命权；（2）身体权；（3）健康权；（4）姓名权；（5）肖像权；（6）名誉权；（7）荣誉权；（8）隐私权。妇女的人格权利受到法律保护，任何组织或者个人不得侵害。

《民法典》

第九百九十条 人格权是民事主体享有的生命权、身体权、健康权、姓名权、名称权、肖像权、名誉权、荣誉权、隐私权等权利。

除前款规定的人格权外，自然人享有基于人身自由、人格尊严产生的其他人格权益。

第九百九十一条 民事主体的人格权受法律保护，任何组织或者个人不得侵害。

《妇女权益保障法》

第二十八条 妇女的姓名权、肖像权、名誉权、荣誉权、隐私权和个人信息等人格权益受法律保护。

媒体报道涉及妇女事件应当客观、适度，不得通过夸大事实、过度渲染等方式侵害妇女的人格权益。

禁止通过大众传播媒介或者其他方式贬低损害妇女人格。未经本人同意，不得通过广告、商标、展览橱窗、报纸、期刊、图书、音像制品、电子出版物、网络等形式使用妇女肖像，但法律另有规定的除外。

83. 什么是名誉权？妇女的名誉权遭到侵害后，有权对侵权人提出什么要求？

秀莲（女）和大嘴是同村村民，因秀莲拒绝了大嘴的追求，大嘴怀恨在心，想要抹黑秀莲，坏她的名声。于是，大嘴编造了秀莲曾经被强奸的故事，并且在村里四处张贴大字报。村民们信以为真，对秀莲指指点点，给秀莲的生活带来了很坏的影响。秀莲应该怎么维护自己的权利？

根据《民法典》的规定，名誉是对民事主体的品德、声望、才能、信用等的社会评价。作为人格权的一种，名誉权受到侵害的，受害人有权依照《民法典》和其他法律的规定请求行为人承担民事责任。受害人的停止侵害、排除妨碍、消除危险、消除影响、恢复名誉、赔礼道歉请求权，不适用诉讼时效的规定。大嘴的行为侵害了秀莲的名誉权，秀莲可以按照上述规定要求大嘴承担民事责任。

《民法典》

第九百九十五条 人格权受到侵害的，受害人有权依照本法和其他法律的规定请求行为人承担民事责任。受害人的停止侵害、排除妨碍、消除危险、消除影响、恢复名誉、赔礼道歉请求权，不适用诉讼时效的规定。

第一千零二十四条 民事主体享有名誉权。任何组织或者个人不得以侮辱、诽谤等方式侵害他人的名誉权。

名誉是对民事主体的品德、声望、才能、信用等的社会评价。

84. 什么是荣誉权？妇女的荣誉权遭到侵害后，有权对侵权人提出什么要求？

小叶的母亲勇救落水儿童不幸去世，被评为烈士。林某与小叶是邻居，平时有矛盾，林某在网上散布谣言，说小叶的母亲不是见义勇为，是想害死别人，但自己不小心落水，林某的谣言造成了很坏的影响，小叶非常气愤。林某的行为违反《民法典》的规定了吗？

我国《民法典》规定，民事主体享有荣誉权，死者的名誉权也受法律保护。小叶的母亲死后也享有名誉权、荣誉权，任何人不得诋毁，否则构成侵权。小叶作为烈士近亲属，可以维护母亲的荣誉权，可以要求林某停止侵害、消除影响、恢复名誉并赔礼道歉。

《民法典》

第九百九十四条 死者的姓名、肖像、名誉、荣誉、隐私、遗体等受到侵害的，其配偶、子女、父母有权依法请求行为人承担民事责任；死者没有配偶、子女且父母已经死亡的，其他近亲属有权依法请求行为人承担民事责任。

第一千零三十一条第一款 民事主体享有荣誉权。任何组织或者个人不得非法剥夺他人的荣誉称号，不得诋毁、贬损他人的荣誉。

85. 什么是隐私权？妇女的隐私权遭到侵害后，有权对侵权人提出什么要求？

赵楚楚卖淫被处以治安管理处罚之后，决定痛改前非。她回家务农，钻研技术，成了远近闻名的“养鸡能手”，还有很多媒体来采访她。同村的王某找她借钱遭到拒绝，怀恨在心，把赵楚楚之前卖淫的事情告诉了很多人，导致赵楚楚的精神受到很大影响。王某的行为是否合法？

《民法典》规定，隐私是自然人的私人生活安宁和不愿为他人知晓的私密空间、私密活动、私密信息。赵楚楚之前的经历属于她的隐私。王某故意泄露、公开赵楚楚的隐私，侵害了赵楚楚的隐私权。赵楚楚可以要求王某停止泄露其隐私并赔礼道歉。

《民法典》

第一千零三十二条 自然人享有隐私权。任何组织或者个人不得以刺探、侵扰、泄露、公开等方式侵害他人的隐私权。

隐私是自然人的私人生活安宁和不愿为他人知晓的私密空间、私密活动、私密信息。

86. 什么是肖像权？妇女的肖像权遭到侵害后，有权对侵权人提出什么要求？

韩晶（女）去摄影公司拍摄婚纱照。一家美容公司发现了韩晶的照片，觉得很好，便从摄影公司买下了照片的电子版，并用韩晶的照片制作了广告，贴上了自己公司的商标。韩晶看到广告，觉得自己的肖像权受到了侵害。她可以对侵权人提出什么要求呢？

我国《民法典》规定，肖像是通过影像、雕塑、绘画等方式在一定载体上所反映的特定自然人可以被识别的外部形象。未经肖像权人同意，肖像作品权利人不得以发表、复制、发行、出租、展览等方式使用或者公开肖像权人的肖像。摄影公司出售韩晶照片和美容公司使用韩晶的照片制作广告的行为侵犯了韩晶的肖像权。她可以要求美容公司停止使用并撤回包含自己照片的广告，赔偿自己遭受的损失、消除影响并赔礼道歉等。

《民法典》

第一千零一十八条 自然人享有肖像权，有权依法制作、使用、公开或者许可他人使用自己的肖像。

肖像是通过影像、雕塑、绘画等方式在一定载体上所反映的特定自然人可以被识别的外部形象。

第一千零一十九条 任何组织或者个人不得以丑化、污损，或者利用信息技术手段伪造等方式侵害他人的肖像权。未经肖像权人同意，不得制作、使用、公开肖像权人的肖像，但是法律另有规定的除外。

未经肖像权人同意，肖像作品权利人不得以发表、复制、发行、出租、展览等方式使用或者公开肖像权人的肖像。

七、婚姻家庭权益

（一）结婚及婚姻自主权

87. 法定结婚年龄是多少岁？男女是一样的吗？

钱青梅（女）和孙竹马从小生活在一起，感情特别好。这一年，两个人都 20 岁了，孙竹马的父母认为，男人应该早点结婚成家，这样才算长大成人，钱青梅和孙竹马都同意了，那么，他们能结婚吗？

《民法典》规定，结婚年龄，男不得早于 22 周岁，女不得早于 20 周岁。钱青梅已经到了法定结婚年龄，而孙竹马还没有达到结婚年龄，民政部门无法为二人办理结婚登记，他们不能结婚。

《民法典》

第一千零四十七条 结婚年龄，男不得早于二十二周岁，女不得早于二十周岁。

88. 父母能够决定女儿的婚姻吗？

梁山山和祝英英（女）是高中同学，两人相爱 10 年，准备结婚。但是，祝英英的爸爸不同意，逼着祝英英嫁给县长的儿子马文文。

祝英英有权决定自己的婚姻吗？

《民法典》规定，结婚应当男女双方完全自愿，禁止任何一方对另一方加以强迫，禁止任何组织或者个人加以干涉。祝英英有权决定自己的婚姻，任何个人和组织，包括自己的父亲、马文文等都无权干涉。

《宪法》

第四十九条第四款 禁止破坏婚姻自由，禁止虐待老人、妇女和儿童。

《民法典》

第一百一十条第一款 自然人享有生命权、身体权、健康权、姓名权、肖像权、名誉权、荣誉权、隐私权、婚姻自主权等权利。

第一千零四十六条 结婚应当男女双方完全自愿，禁止任何一方对另一方加以强迫，禁止任何组织或者个人加以干涉。

《妇女权益保障法》

第六十一条 国家保护妇女的婚姻自主权。禁止干涉妇女的结婚、离婚自由。

89. 采用暴力方式干涉女子婚姻自由的，是否构成犯罪？

汪华（女）和于刚自由恋爱。汪华的父亲汪忠嫌弃于刚家庭条件不好，想让汪华嫁给乡长的儿子，汪华不同意。汪忠一怒之下，拿起一根木棍就开始打汪华，汪华身上、头上多处受伤。汪华非常痛苦，投河自杀，被人救起。汪忠的行为是否构成暴力干涉婚姻自由罪？他将受到什么处罚？

汪忠采用暴力方式干涉自己女儿的婚姻自由，侵犯了汪华的婚姻自主权，构成《刑法》规定的暴力干涉婚姻自由罪，应当受到刑事处罚。需要说明的是，暴力干涉婚姻自由罪，只有被害人起诉的，法院才会受理。

《妇女权益保障法》

第六十一条 国家保护妇女的婚姻自主权。禁止干涉妇女的结婚、离婚自由。

《刑法》

第二百五十七条 以暴力干涉他人婚姻自由的，处二年以下有期徒刑或者拘役。

犯前款罪，致使被害人死亡的，处二年以上七年以下有期徒刑。

第一款罪，告诉的才处理。

90. 有配偶又与他人结婚的，是否构成犯罪？

钱翠翠的丈夫在外做生意，赚了不少钱，钱翠翠在村里照顾家人，任劳任怨。有一天，村里人跟钱翠翠说，她丈夫在城里又娶了一个老婆任爱爱，不但生了孩子，连结婚证都领了。钱翠翠的丈夫和任爱爱是否构成重婚？

我国法律明确规定一夫一妻，禁止重婚。钱翠翠的丈夫有妻子，还与他人领取结婚证，构成重婚罪。任爱爱如果知道钱翠翠有配偶，还与他结婚，也构成重婚罪。如果任爱爱不知情，不构成重婚罪。

《民法典》

第一千零四十一条 婚姻家庭受国家保护。

实行婚姻自由、一夫一妻、男女平等的婚姻制度。

保护妇女、未成年人、老年人、残疾人的合法权益。

《刑法》

第二百五十八条 有配偶而重婚的，或者明知他人有配偶而与之结婚的，处二年以下有期徒刑或者拘役。

91. 亲属之间能结婚吗？

戴玉（女）的外婆是包玉的奶奶，戴玉母亲去世之后，戴玉就到外婆家跟包玉一起生活，他们感情非常好，到了结婚年龄，他们准备结婚。但是，遭到了包玉奶奶的反对，奶奶说他们是近亲属，不能结婚。奶奶说得对吗？

《民法典》规定，直系血亲或者三代以内的旁系血亲禁止结婚。直系血亲是指和自己有生与被生关系的亲属，包括父母、祖父母、外祖父母以及更上的直系长辈，和子女、孙子女、外孙子女以及更下的直系晚辈。三代以内旁系血亲是指在血缘上和自己同出于三代以内的亲属。包玉和戴玉算作第一代，其父母算第二代，祖父母、外祖父母是第三代，第三代是同一个人即包玉的奶奶，所以他们是三代以内旁系血亲，法律禁止他们结婚。

《民法典》

第一千零四十八条 直系血亲或者三代以内的旁系血亲禁止结婚。

92. 什么是婚姻无效？哪些人可以请求确认婚姻无效？

小魏是希望村新选出的主任，经过事前仔细的调查，他了解到希望村村民对法律知识的掌握还有所欠缺，尤其是婚姻家庭方面，多有未到法定婚龄结婚、近亲属之间结婚，甚至是重婚的情况发生。大部分希望村的村民并不知道这些情形违反法律规定。小魏意识到了这个问题的严重性和紧迫性，决定开展普法活动，从什么是婚姻无效及谁可以申请确认婚姻无效的问题开始向村民们进行介绍。

根据《民法典》及其司法解释的相关规定，有下列情形之一的，婚姻无效：（1）重婚；（2）有禁止结婚的亲属关系；（3）未到法定婚龄。妇女遇到上述婚姻无效的情况的，作为当事人可以向人民法院就已办理结婚登记的婚姻请求确认婚姻无效。除当事人外，还有利害关系人可以提出确认婚姻无效的申请。具体而言，利害关系人包括：（1）以重婚为由的，为当事人的近亲属及基层组织；（2）以未到法定婚龄为由的，为未到法定婚龄者的近亲属；（3）以有禁止结婚的亲属关系为由的，为当事人的近亲属。

《民法典》

第一千零五十一条 有下列情形之一的，婚姻无效：

（一）重婚；

（二）有禁止结婚的亲属关系；

（三）未到法定婚龄。

最高人民法院《关于适用〈中华人民共和国民法典〉婚姻家庭编的解释（一）》

第九条 有权依据民法典第一千零五十一条规定向人民法院就已办理结婚登记的婚姻请求确认婚姻无效的主体，包括婚姻当事人及利害关系人。其

中,利害关系人包括:

(一)以重婚为由的,为当事人的近亲属及基层组织;

(二)以未到法定婚龄为由的,为未到法定婚龄者的近亲属;

(三)以有禁止结婚的亲属关系为由的,为当事人的近亲属。

93. 男方以给女方近亲属生命健康造成损害为要挟,迫使女方违背意愿结婚的,婚姻可撤销吗?

于某(女)是希望村的“村花”,有很多人上门提亲,其中就包括“村霸”吴某。吴某起初好言相劝,积极表达爱意,但未被于某接受。后吴某恼羞成怒,直接以于某父母的生命相威胁,说如果于某不和他结婚,就找人“打死”于某父母。于某恐惧万分,因担心吴某真的做出过分的行为,只能答应吴某的提亲,二人很快领了结婚证。婚后于某的日子并不幸福,她想与吴某分开。后来,于某在小魏的普法活动中了解到“可撤销婚姻”的情况,觉得和自己经历的情况相似,她想知道自己是不是可以通过离婚之外的方式结束与吴某的婚姻关系。

根据《民法典》及其司法解释的相关规定,行为人以给另一方当事人或者其近亲属的生命、身体、健康、名誉、财产等方面造成损害为要挟,迫使另一方当事人违背真实意愿结婚的,受胁迫的一方可以自胁迫行为终止之日起 1 年内向人民法院请求撤销婚姻。吴某以于某父母的生命相威胁,逼迫其与自己结婚的行为,符合上述规定,于某作为被胁迫方可以向人民法院请求撤销婚姻。

《民法典》

第一千零五十二条 因胁迫结婚的,受胁迫的一方可以向人民法院请求撤销婚姻。

请求撤销婚姻的，应当自胁迫行为终止之日起一年内提出。

被非法限制人身自由的当事人请求撤销婚姻的，应当自恢复人身自由之日起一年内提出。

最高人民法院《关于适用〈中华人民共和国民法典〉婚姻家庭编的解释（一）》

第十八条 行为人以给另一方当事人或者其近亲属的生命、身体、健康、名誉、财产等方面造成损害为要挟，迫使另一方当事人违背真实意愿结婚的，可以认定为民法典第一千零五十二条所称的“胁迫”。

因受胁迫而请求撤销婚姻的，只能是受胁迫一方的婚姻关系当事人本人。

94. 一方患有重大疾病，在结婚登记前隐瞒另一方的，婚姻效力如何？

魏某（女）与白某经过相亲认识并结婚。后魏某无意中得知白某实际上患重大疾病，却故意向自己隐瞒，非常生气。魏某可以去法院请求撤销婚姻吗？

《民法典》规定，一方患有重大疾病的，应当在结婚登记前如实告知另一方；不如实告知的，另一方可以向人民法院请求撤销婚姻。请求撤销婚姻的，应当自知道或者应当知道撤销事由之日起 1 年内提出。故魏某在知道该情况 1 年内可以向人民法院请求撤销婚姻。

《民法典》

第一千零五十三条 一方患有重大疾病的，应当在结婚登记前如实告知另一方；不如实告知的，另一方可以向人民法院请求撤销婚姻。

请求撤销婚姻的，应当自知道或者应当知道撤销事由之日起一年内提出。

(二)夫妻关系及男女平等

95. 丈夫对照顾孩子的事情不闻不问，并且说“照顾孩子是女人的事情”，这种说法与法律的规定相符合吗？

王紫和宫主(女)是一对年轻的小夫妻,一年前他们有了一个小宝宝。但是,王紫从来不帮助宫主照顾孩子,总是一回家就躺在床上玩手机。宫主每次要求王紫照顾孩子,王紫就会说,照顾孩子是女人的事情。王紫的说法正确吗?

我国法律规定,妇女享有与男子平等的婚姻家庭权利。夫妻双方平等享有对未成年子女抚养、教育和保护的权利,共同承担对未成年子女抚养、教育和保护的义务。抚养、教育和保护孩子是夫妻双方共同的义务,那种“照顾孩子是女人的事情”的说法是不对的。

《民法典》

第一千零五十八条 夫妻双方平等享有对未成年子女抚养、教育和保护的权利,共同承担对未成年子女抚养、教育和保护的义务。

《妇女权益保障法》

第六十条 国家保障妇女享有与男子平等的婚姻家庭权利。

96. 妻子病重，丈夫拒绝支付医疗费用的，妻子应该如何保护自己的权利？

红玉(女)和宝强长期两地分居,感情变淡。红玉突发疾病,需要大额的手术费,但宝强拒绝支付并提出离婚。这种情况下,红玉应该如何保护自己的权利？

我国《民法典》明确规定，夫妻有相互扶养的义务。相互扶养，不仅是夫妻的道德义务，更是法定义务。当妻子红玉生重病，需要医药费的时候，丈夫宝强应当支付，宝强拒绝支付的，红玉可以向法院起诉，要求宝强支付。

《民法典》

第一千零五十九条 夫妻有相互扶养的义务。

需要扶养的一方，在另一方不履行扶养义务时，有要求其给付扶养费的权利。

97. 妻子的父亲病重，丈夫拒绝支付医疗费的，妻子应该怎么办？

张生和崔莹（女）平时夫妻感情比较好，崔莹的爸爸突发重病，需要支付医疗费。张生觉得费用太高，不肯支付。崔莹救父心切，应该怎么办呢？

对于父亲，崔莹有法定的扶养义务，父亲病重，崔莹应当支付生活费。但是，张生拒绝支付，导致崔莹无法支付。这种情况下，崔莹可以向法院请求分割共同财产，然后用分割后的财产支付父亲的医疗费。

《民法典》

第一千零六十六条 婚姻关系存续期间，有下列情形之一的，夫妻一方可以向人民法院请求分割共同财产：

……

（二）一方负有法定扶养义务的人患重大疾病需要医治，另一方不同意支付相关医疗费用。

98. 结婚后，男方强迫女方改随其姓的行为合法吗？

王家村的王甲经人介绍与希望村的李乙（女）认识。后二人结婚，李乙同王甲在王家村生活，并将户口迁了过去。但王甲提出，嫁进王家村的外村妇女，都要改随夫姓。但李乙认为这种要求没有法律依据，自己也不愿意改姓。王甲有权要求李乙改随其姓吗？

根据《民法典》的规定，夫妻双方都有各自使用自己姓名的权利。因此，结婚后男方强迫女方改随其姓的行为不符合法律规定。

《民法典》

第一千零五十六条 夫妻双方都有各自使用自己姓名的权利。

99. 结婚后，男方可以干涉女方的工作、学习和社会活动吗？

老胡与老陈（女）结婚多年。二人退休后各自培养了自己的爱好，老胡白天去下棋，老陈则出去跳广场舞。老胡认为自己的老伴每天在公园扭来扭去不成体统，便阻止老陈去跳广场舞。老胡限制老陈业余生活的行为合法吗？

《民法典》规定，夫妻双方都有参加生产、工作、学习和社会活动的自由，一方不得对另一方加以限制或者干涉。故老胡不得限制或干涉妻子跳广场舞。

《民法典》

第一千零五十七条 夫妻双方都有参加生产、工作、学习和社会活动的自由，一方不得对另一方加以限制或者干涉。

（三）父母子女关系

100. 母亲病重，子女拒绝支付医药费的，母亲应该如何保护自己的权利？

白大娘的丈夫去世得早，她一个人把儿子拉扯大，后来白大娘病重，儿子却拒绝支付医药费。这种情况下，白大娘应该如何保护自己的权利？

尊老爱幼是中华民族的传统美德，法律规定，成年子女有赡养父母的义务。白大娘病重，有权要求儿子支付医药费，儿子不支付的，白大娘可以去法院起诉，要求儿子履行赡养义务。

《民法典》

第一千零六十七条第二款 成年子女不履行赡养义务的，缺乏劳动能力或者生活困难的父母，有要求成年子女给付赡养费的权利。

101. 成年女儿残疾，丧失劳动能力，父母有抚养能力的，女儿可否要求父母给付抚养费？

刘艳（女）结婚后，与丈夫在邻村生活，一次车祸中，丈夫去世，刘艳也双腿残疾，丧失了劳动能力。刘艳走投无路，回到父母家里，父亲生气地说，嫁出去的姑娘泼出去的水，我没钱养你。刘艳能否要求父母给自己抚养费呢？

我国法律规定，父母对于未成年子女或者不能独立生活的成年子女，有支付抚养费的义务。所以，刘艳虽然成年，但是不能独立生活，其有权要求父母支付抚养费。

《民法典》

第一千零六十七条第一款 父母不履行抚养义务的，未成年子女或者不能独立生活的成年子女，有要求父母给付抚养费的权利。

102. 女孩在学校与人打架，造成他人损害的，父母是否应当替她赔偿？

何胜男（11 岁）是个淘气的女孩，在学校里与同学发生争吵，将对方的头打破，产生了很多医疗费。对方家长找到何胜男的爸爸要求赔偿，何爸爸生气地说，谁打的让谁赔，我没这个女儿！何爸爸的说法正确吗？

根据《民法典》的规定，父母对于未成年子女有教育、保护的权利和义务。何胜男是限制民事行为能力人，对于她造成的损害，其父母作为监护人，应当承担相应的赔偿责任。

《民法典》

第一千零六十八条 父母有教育、保护未成年子女的权利和义务。未成年子女造成他人损害的，父母应当依法承担民事责任。

第一千一百八十八条 无民事行为能力人、限制民事行为能力人造成他人损害的，由监护人承担侵权责任。监护人尽到监护职责的，可以减轻其侵权责任。

有财产的无民事行为能力人、限制民事行为能力人造成他人损害的，从本人财产中支付赔偿费用；不足部分，由监护人赔偿。

103. 重男轻女，遗弃自己的女儿，拒绝抚养的，是否构成犯罪？

张五哥一心想要个儿子，但他的妻子已经生了个女儿，这次又生了一个女儿，张五哥背着妻子将还没满月的小女儿抱走，偷偷扔到派出所门口，后被人发现并送到福利院。张五哥遗弃女儿的行为是否构成犯罪？

张五哥重男轻女，逃避抚养义务，将生活不能自理的年幼女儿丢弃在派出所门口，构成我国《刑法》规定的遗弃罪，应当被判处 5 年以下有期徒刑、拘役或者管制。

《刑法》

第二百六十一条　对于年老、年幼、患病或者其他没有独立生活能力的人，负有扶养义务而拒绝扶养，情节恶劣的，处五年以下有期徒刑、拘役或者管制。

104. 父母离婚会影响与子女的关系吗？

正在上小学的小兰最近有一件烦心事。她的爸爸、妈妈最近要离婚了，她担心爸爸、妈妈分开后，如果自己跟着爸爸一起生活，妈妈就不是自己的妈妈了，以后也不会照顾、保护自己了。小兰的这种担心是有道理的吗？

《民法典》规定，父母与子女间的关系，不因父母离婚而消除。离婚后，子女无论由父或者母直接抚养，仍是父母双方的子女。离婚后，父母对于子女仍有抚养、教育、保护的权利和义务。离婚后，不满 2 周岁的子女，以由母亲直接抚养为原则。已满 2 周岁的子女，父母双方对抚养问题协议不成的，由人民法院根据双方的具体情况，按照最有利于未成年子女的原则判决。子女已满 8 周岁的，应当尊重其真实意愿。故即使父母离婚了，小兰依然是爸爸、妈妈的女儿。

《民法典》

第一千零八十四条 父母与子女间的关系，不因父母离婚而消除。离婚后，子女无论由父或者母直接抚养，仍是父母双方的子女。

离婚后，父母对于子女仍有抚养、教育、保护的权利和义务。

离婚后，不满两周岁的子女，以由母亲直接抚养为原则。已满两周岁的子女，父母双方对抚养问题协议不成的，由人民法院根据双方的具体情况，按照最有利于未成年子女的原则判决。子女已满八周岁的，应当尊重其真实意愿。

（四）离婚及妇女权益保护

105. 哪些情况下，提起离婚诉讼的，应准予离婚？

村委会主任小魏在给村民们进行离婚相关的普法活动时提到，夫妻可以通过诉讼的方式离婚。“劝和不劝分”的传统思想在离婚过程中也存在。为防止当事人草率离婚，以及平和、妥善地处理离婚所涉及的问题，调解是诉讼离婚的必经程序：人民法院审理离婚案件，应当进行调解。有村民问，有没有特殊情况，无须调解，或者调解无效后，无须证明“感情确已破裂”，也会被准予离婚。小魏对此进行了介绍。

根据我国法律的相关规定，通常达到“感情确已破裂”的程度应准予离婚。但在特殊的情况下，无须进行调解，或者调解无效的，应直接准予离婚：（1）有下列情形之一，调解无效的，应当准予离婚：重婚或者与他人同居；实施家庭暴力或者虐待、遗弃家庭成员；有赌博、吸毒等恶习屡教不改；因感情不和分居满 2 年；其他导致夫妻感情破裂的情形。（2）一方被宣告失踪，另一方提起离婚诉讼的，应当准予离婚。（3）经人民法院判决不准离婚后，双方又分居满 1 年，一方再次提起离婚诉讼的，应当准予离婚。

《民法典》

第一千零七十九条 夫妻一方要求离婚的，可以由有关组织进行调解或者直接向人民法院提起离婚诉讼。

人民法院审理离婚案件，应当进行调解；如果感情确已破裂，调解无效的，应当准予离婚。

有下列情形之一，调解无效的，应当准予离婚：

（一）重婚或者与他人同居；

（二）实施家庭暴力或者虐待、遗弃家庭成员；

（三）有赌博、吸毒等恶习屡教不改；

（四）因感情不和分居满二年；

（五）其他导致夫妻感情破裂的情形。

一方被宣告失踪，另一方提起离婚诉讼的，应当准予离婚。

经人民法院判决不准离婚后，双方又分居满一年，一方再次提起离婚诉讼的，应当准予离婚。

106. “离婚冷静期”是什么？

2021 年 3 月 4 日，妻子小吴和丈夫小龚因一顿饭大吵了一架，二人谁也不让着谁，执意要离婚，第二天便向婚姻登记机关提交了离婚登记申请。二人却被告知 30 日后才能申请发给离婚证。这是怎么回事呢？

《民法典》规定，自婚姻登记机关收到离婚登记申请之日起 30 日内，任何一方不愿意离婚的，可以向婚姻登记机关撤回离婚登记申请。前款规定期限届满后 30 日内，双方应当亲自到婚姻登记机关申请发给离婚证；未申请的，视为撤回离婚登记申请。

《民法典》

第一千零七十七条 自婚姻登记机关收到离婚登记申请之日起三十日内，任何一方不愿意离婚的，可以向婚姻登记机关撤回离婚登记申请。

前款规定期限届满后三十日内，双方应当亲自到婚姻登记机关申请发给离婚证；未申请的，视为撤回离婚登记申请。

107. 经人民法院判决不准离婚后，还有机会离婚吗？

小王（女）和小赵起诉离婚，经人民法院判决不准离婚。但二人相互无法忍受，便分居生活。分居一段时间后，二人还可以起诉离婚吗？

《民法典》规定，经人民法院判决不准离婚后，双方又分居满 1 年，一方再次提起离婚诉讼的，应当准予离婚。故二人可以再次提起离婚诉讼，且法院应当准予离婚。

《民法典》

第一千零七十九条第五款 经人民法院判决不准离婚后，双方又分居满一年，一方再次提起离婚诉讼的，应当准予离婚。

108. 妇女在怀孕期间，丈夫可以提出离婚吗？

春香（女）和梦龙是一对小夫妻。婚后不久春香怀孕了，但是，梦龙却出轨了。梦龙认为，结婚的时候自己太年轻，现在遇到了真爱，他要追求真爱，所以坚决要离婚。梦龙可以提出离婚吗？

怀孕、生孩子和流产对于妇女来说都是非常特殊的时期，为了保护女性，我国《民法典》和《妇女权益保障法》都明确规定，女方在怀孕期间、分娩后 1 年内或者终止妊娠后 6 个月内，男方不得提出离婚。因此，梦龙不得提出离婚。

《妇女权益保障法》

第六十四条 女方在怀孕期间、分娩后一年内或者终止妊娠后六个月内，男方不得提出离婚；但是，女方提出离婚或者人民法院认为确有必要受理男方离婚请求的除外。

109. 妇女刚生完孩子，丈夫出轨的，妻子可以提出离婚吗？

春香“坐月子”期间发现丈夫梦龙出轨了，梦龙说，这是他一时犯错，以后不会再犯，但是春香性情刚烈，坚决要离婚。春香可以提出离婚吗？

怀孕期间、分娩后 1 年内或者终止妊娠后 6 个月内不得提出离婚，是法律对于男方的特殊要求，目的是保护妇女。但是，如果是女方提出离婚的，不受此条限制。故春香可以提出离婚。

《妇女权益保障法》

第六十四条 女方在怀孕期间、分娩后一年内或者终止妊娠后六个月内，男方不得提出离婚；但是，女方提出离婚或者人民法院认为确有必要受理男方离婚请求的除外。

(五)禁止家庭暴力

110. 什么样的行为属于家庭暴力？

幸福村的村委会主任小魏听说最近村里的安和与梅南(女)一家争吵不断，感情不和。他见梅南的精神状态很不好，认为有必要了解一下情况，便向邻居打听情况。小魏在了解情况过程中发现，大部分邻居对安和两口子的印象都是二人为人随和，相处融洽。小魏问有没有听说安和对梅南有家暴行为。邻居们都说不可能有，安和只是时常言语谩骂梅南，动手是从来没有过的。这让小魏意识到，是时候向村民们普及家庭暴力相关的知识了。

根据我国《反家庭暴力法》的规定，家庭暴力，是指家庭成员之间以殴打、捆绑、残害、限制人身自由以及经常性谩骂、恐吓等方式实施的身体、精神等侵害行为。这意味着，家庭暴力不局限于对身体的暴力行为，还包括对精神的暴力行为。因此，除了对身体健康、生命构成侵害的行为外，对家庭成员自由的限制，以谩骂、恐吓等方式进行的精神折磨，都属于家庭暴力的范畴。对妇女的家庭暴力行为不仅对受害妇女的身体和精神健康有极大损害，还会破坏家庭和睦，严重影响子女身心健康。因此，广大女性都要学会辨别家庭暴力行为，勇敢对家庭暴力说“不”。

《反家庭暴力法》

第二条 本法所称家庭暴力，是指家庭成员之间以殴打、捆绑、残害、限制人身自由以及经常性谩骂、恐吓等方式实施的身体、精神等侵害行为。

111. 妇女遭受家庭暴力的，如何维护自己的权益？

安和脾气越发暴躁，除了对梅南实施言语攻击外，还会殴打她，给她的身体健康造成极大损害。梅南实在无法忍受，便向村委会主任小魏求助，她想知道有什么途径维护自己的权益？

根据《反家庭暴力法》的规定，家庭暴力受害人和其法定代理人、近亲属都可以拿起法律的武器维权。具体途径包括：(1) 向加害人或者受害人所在单位、居民委员会、村民委员会、妇女联合会等单位投诉、反映或者求助。有关单位接到家庭暴力投诉、反映或者求助后，应当给予帮助、处理。(2) 向公安机关报案或者依法向人民法院起诉。

《反家庭暴力法》

第十三条 家庭暴力受害人及其法定代理人、近亲属可以向加害人或者受害人所在单位、居民委员会、村民委员会、妇女联合会等单位投诉、反映或者求助。有关单位接到家庭暴力投诉、反映或者求助后，应当给予帮助、处理。

家庭暴力受害人及其法定代理人、近亲属也可以向公安机关报案或者依法向人民法院起诉。

单位、个人发现正在发生的家庭暴力行为，有权及时劝阻。

112. 婚内女方被男方实施家庭暴力，会被“劝和”吗？

安和经常对梅南拳打脚踢，对梅南的精神和肉体进行百般折磨。梅南听说起诉离婚后，法官会进行调解，“劝和不劝分”，便一直不敢起诉离婚，害怕离婚不成反激怒了安和。这种情况下，梅南起诉离婚会被“劝和”吗？

《民法典》规定，夫妻一方实施家庭暴力或者虐待、遗弃家庭成员，调解无效的，应当准予离婚。故对梅南和安和调解无效的，应当准予离婚。

《民法典》

第一千零七十九条第三款 有下列情形之一，调解无效的，应当准予离婚：

……

（二）实施家庭暴力或者虐待、遗弃家庭成员；

……

113. 妇女遭受丈夫家庭暴力，导致离婚的，可否请求损害赔偿？

梅南学习了法律知识后了解到，婚内女方被男方实施家庭暴力，不会被“劝和”。在家人和朋友的鼓励下，她终于鼓足勇气和长期家暴她的丈夫安和起诉离婚。她想知道，自己有没有权利要求安和进行损害赔偿。

《民法典》规定，夫妻一方实施家庭暴力，导致离婚的，无过错方有权请求损害赔偿。故梅南还有权请求损害赔偿。

《民法典》

第一千零九十一条 有下列情形之一，导致离婚的，无过错方有权请求损害赔偿：

……

（三）实施家庭暴力；

……

114. 政府有关部门、司法机关、村民委员会、妇女组织等在反家庭暴力方面应该尽哪些义务？

由于性质恶劣，安和家暴梅南的事情在村里传开了，县政府联合希望村村委会等召开紧急会议，旨在对此事件进行迅速、有效、妥善的处理。村委会主任小魏梳理了各个部门在反家庭暴力方面应尽的义务。

根据《反家庭暴力法》的规定，有关部门、组织等在反家庭暴力方面应尽的义务如下：（1）县级以上人民政府负责妇女儿童工作的机构，负责组织、协调、指导、督促有关部门做好反家庭暴力工作。（2）工会、共产主义青年团、妇女联合会、残疾人联合会应当在各自工作范围内，组织开展家庭美德和反家庭暴力宣传教育。（3）广播、电视、报刊、网络等应当开展家庭美德和反家庭暴力宣传。（4）学校、幼儿园应当开展家庭美德和反家庭暴力教育。（5）医疗机构应当做好家庭暴力受害人的诊疗记录。（6）人民调解组织应当依法调解家庭纠纷，预防和减少家庭暴力的发生。(7)学校、幼儿园、医疗机构、居民委员会、村民委员会、社会工作服务机构、救助管理机构、福利机构及其工作人员在工作中发现无民事行为能力人、限制民事行为能力人遭受或者疑似遭受家庭暴力的，应当及时向公安机关报案。(8)工会、共产主义青年团、妇女联合会、残疾人联合会、居民委员会、村民委员会等应当对实施家庭暴力的加害人进行法治教育，必要时可以对加害人、受害人进行心理辅导。

《反家庭暴力法》

第四条 县级以上人民政府负责妇女儿童工作的机构，负责组织、协调、指导、督促有关部门做好反家庭暴力工作。

县级以上人民政府有关部门、司法机关、人民团体、社会组织、居民委员会、村民委员会、企业事业单位，应当依照本法和有关法律规定，做好反家庭暴力工作。

各级人民政府应当对反家庭暴力工作给予必要的经费保障。

第六条 国家开展家庭美德宣传教育，普及反家庭暴力知识，增强公民反家庭暴力意识。

工会、共产主义青年团、妇女联合会、残疾人联合会应当在各自工作范围内，组织开展家庭美德和反家庭暴力宣传教育。

广播、电视、报刊、网络等应当开展家庭美德和反家庭暴力宣传。

学校、幼儿园应当开展家庭美德和反家庭暴力教育。

第七条 县级以上人民政府有关部门、司法机关、妇女联合会应当将预防和制止家庭暴力纳入业务培训和统计工作。

医疗机构应当做好家庭暴力受害人的诊疗记录。

第八条 乡镇人民政府、街道办事处应当组织开展家庭暴力预防工作，居民委员会、村民委员会、社会工作服务机构应当予以配合协助。

第九条 各级人民政府应当支持社会工作服务机构等社会组织开展心理健康咨询、家庭关系指导、家庭暴力预防知识教育等服务。

第十条 人民调解组织应当依法调解家庭纠纷，预防和减少家庭暴力的发生。

第十四条 学校、幼儿园、医疗机构、居民委员会、村民委员会、社会工作服务机构、救助管理机构、福利机构及其工作人员在工作中发现无民事行为能力人、限制民事行为能力人遭受或者疑似遭受家庭暴力的，应当及时向公安机关报案。公安机关应当对报案人的信息予以保密。

第二十二条 工会、共产主义青年团、妇女联合会、残疾人联合会、居民委员会、村民委员会等应当对实施家庭暴力的加害人进行法治教育，必要时可以对加害人、受害人进行心理辅导。

115. 公安机关接到家庭暴力报案后有哪些义务？

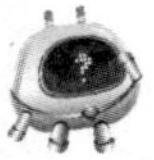

梅南在一次被安和殴打后报警，反映了自己被家庭暴力的事实。但公安机关未及时出警，事后也只是来了解了一下情况，没有对梅南的伤势进行任何鉴定或处理。公安机关这种做法符合法律规定吗？其接到家庭暴力报案后有哪些应尽的义务？

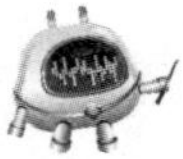

根据《反家庭暴力法》的规定，公安机关接到家庭暴力报案后应当及时出警，制止家庭暴力，按照有关规定调查取证，协助受害人就医、鉴定伤情。无民事行为能力人、限制民事行为能力人因家庭暴力身体受到严重伤害、面临人身安全威胁或者处于无人照料等危险状态的，公安机关应当通知并协助民政部门将其安置到临时庇护场所、救助管理机构或者福利机构。家庭暴力情节较轻，依法不给予治安管理处罚的，由公安机关对加害人给予批评教育或者出具告诫书。公安机关应当将告诫书送交加害人、受害人，并通知居民委员会、村民委员会。接到梅南的报警后，公安机关未尽到法定义务，其行为违法。

《反家庭暴力法》

第十五条 公安机关接到家庭暴力报案后应当及时出警，制止家庭暴力，按照有关规定调查取证，协助受害人就医、鉴定伤情。

无民事行为能力人、限制民事行为能力人因家庭暴力身体受到严重伤害、面临人身安全威胁或者处于无人照料等危险状态的，公安机关应当通知并协助民政部门将其安置到临时庇护场所、救助管理机构或者福利机构。

第十六条 家庭暴力情节较轻，依法不给予治安管理处罚的，由公安机关对加害人给予批评教育或者出具告诫书。

告诫书应当包括加害人的身份信息、家庭暴力的事实陈述、禁止加害人实施家庭暴力等内容。

第十七条 公安机关应当将告诫书送交加害人、受害人，并通知居民委员会、村民委员会。

居民委员会、村民委员会、公安派出所应当对收到告诫书的加害人、受害人进行查访，监督加害人不再实施家庭暴力。

116. 什么是人身安全保护令？人身安全保护令包括哪些措施？如何进行申请？

梅南因老公安和对其进行家庭暴力而备受折磨，故想与安和离婚，但又害怕在提出离婚的想法后遭到安和变本加厉的殴打、辱骂。村委会主任小魏告诉她，如果对此有顾虑，可以向法院申请“人身安全保护令”，并就此问题进行了介绍。

《反家庭暴力法》对“人身安全保护令”做了专章规定，可见其在反家庭暴力过程中的重要性。人身安全保护令是一种民事强制措施，是人民法院为了保护家庭暴力受害人及其子女和特定亲属的人身安全、确保婚姻案件诉讼程序的正常进行而作出的民事裁定。人身安全保护令可以包括下列措施：（1）禁止被申请人实施家庭暴力；（2）禁止被申请人骚扰、跟踪、接触申请人及其相关近亲属；（3）责令被申请人迁出申请人住所；（4）保护申请人人身安全的其他措施。

申请人身安全保护令应当以书面方式提出；书面申请确有困难的，可以口头申请，由人民法院记入笔录。要向申请人或者被申请人居住地、家庭暴力发生地的基层人民法院提出。本案中梅南应向希望村所在县的基层人民法院提出申请。

2022年3月5日，最高人民法院会同全国妇联、教育部、公安部、民政部、司法部、卫生健康委共同发布《关于加强人身安全保护令制度贯彻实施的意见》。其明确，依法保护好家庭成员特别是妇女、未成年人、老年人、残疾人的合法权益，是深入贯彻习近平法治思想和习近平总书记关于注重家庭家教家风重要论述精神，维护平等、和睦、文明的家庭关系，促进家庭和谐、社会稳定的要求。人民法院旗帜鲜明反对家庭暴力，以司法手段为家庭暴力受害人合法权益提供保障。该意见明确了处理家庭暴力的原则，即坚持依法、及时、有效保护受害人原则，坚持尊重受害人真实意愿原则，坚持保护当事人隐私原则。该意见重点细分了人民法院、公安机关、民政部门、司法行政部门、教育部门、卫生部门和妇女联合会等各部门在反家庭暴力、贯彻实施人身安全保护令制度中的职责。

《反家庭暴力法》

第二十四条 申请人身安全保护令应当以书面方式提出；书面申请确有困

难的，可以口头申请，由人民法院记入笔录。

第二十五条 人身安全保护令案件由申请人或者被申请人居住地、家庭暴力发生地的基层人民法院管辖。

第二十九条 人身安全保护令可以包括下列措施：

（一）禁止被申请人实施家庭暴力；

（二）禁止被申请人骚扰、跟踪、接触申请人及其相关近亲属；

（三）责令被申请人迁出申请人住所；

（四）保护申请人人身安全的其他措施。

117. 遭受家庭暴力的妇女申请人身安全保护令被驳回的，申请人如何救济？

梅南按照小魏的建议，向县法院申请人身安全保护令。但由于提交材料不充分，其申请被驳回。梅南感觉好不容易重新燃起的希望又被浇灭了。小魏得知此事，赶忙联系梅南，告诉她驳回不代表没有机会了，这件事情还有转机。

根据《反家庭暴力法》的规定，申请人对驳回申请不服或者被申请人对人身安全保护令不服的，可以自裁定生效之日起 5 日内向作出裁定的人民法院申请复议一次。人民法院依法作出人身安全保护令的，复议期间不停止人身安全保护令的执行。

《反家庭暴力法》

第三十一条 申请人对驳回申请不服或者被申请人对人身安全保护令不服的，可以自裁定生效之日起五日内向作出裁定的人民法院申请复议一次。人民法院依法作出人身安全保护令的，复议期间不停止人身安全保护令的执行。

118. 家庭暴力加害人有什么法律责任？

梅南因无法忍受安和的家庭暴力，向公安机关报案。公安机关依法受理。公安机关经调查发现，安和对梅南的家庭暴力行为仅导致皮外伤，情节较轻，依法不应给予治安管理处罚，便对安和进行了批评教育并出具了告诫书。梅南认为这种处罚太轻了，便向公安机关工作人员了解究竟家庭暴力加害人都会承担怎样的法律责任？

根据《反家庭暴力法》的规定，根据家庭暴力情节的轻重，家庭暴力加害人承担不同的法律责任：(1) 家庭暴力情节较轻，依法不给予治安管理处罚的，由公安机关对加害人给予批评教育或者出具告诫书。(2) 加害人实施家庭暴力，构成违反治安管理行为的，依法给予治安管理处罚。(3) 构成犯罪的，依法追究刑事责任。(4) 被申请人违反人身安全保护令，构成犯罪的，依法追究刑事责任；尚不构成犯罪的，人民法院应当给予训诫，可以根据情节轻重处以 1000 元以下罚款、15 日以下拘留。

《反家庭暴力法》

第十六条 家庭暴力情节较轻，依法不给予治安管理处罚的，由公安机关对加害人给予批评教育或者出具告诫书。

告诫书应当包括加害人的身份信息、家庭暴力的事实陈述、禁止加害人实施家庭暴力等内容。

第三十三条 加害人实施家庭暴力，构成违反治安管理行为的，依法给予治安管理处罚；构成犯罪的，依法追究刑事责任。

第三十四条 被申请人违反人身安全保护令，构成犯罪的，依法追究刑事责任；尚不构成犯罪的，人民法院应当给予训诫，可以根据情节轻重处以一千元以下罚款、十五日以下拘留。

(六)子女监护、抚养

119. 离婚时，如何确定子女由谁抚养？

志明和春娇(女)决定离婚，两人对于财产分配没有争议，但是，对于女儿小娇(1岁)的监护权发生争议，那么，应该如何确定小娇的监护权呢？

首先，父母双方对未成年子女享有平等的监护权。春娇作为母亲，也可以享有小娇的监护权。

其次，对于不满2周岁的子女，以母亲直接抚养为原则。

再次，对于2周岁以上的子女，父母双方协商确定由谁抚养。

最后，父母协商不成的，由法院根据双方情况，按照最有利于未成年子女的原则判决。其中，子女满8周岁的，应当尊重其真实意愿。

所以，小娇应该由春娇抚养。

但是，如果春娇有下列情况的，则应该由志明抚养：

(1)患有久治不愈的传染性疾病或者其他严重疾病，子女不宜与其共同生活；

(2)有抚养条件不尽抚养义务，而父亲要求子女随其生活；

(3)因其他原因，子女确不宜随母亲生活。

《妇女权益保障法》

第七十条第一款 父母双方对未成年子女享有平等的监护权。

《民法典》

第一千零八十四条第三款 离婚后，不满两周岁的子女，以由母亲直接抚养为原则。已满两周岁的子女，父母双方对抚养问题协议不成的，由人民法院根据双方的具体情况，按照最有利于未成年子女的原则判决。子女已满八周岁的，应当尊重其真实意愿。

最高人民法院《关于适用〈中华人民共和国民法典〉婚姻家庭编的解释（一）》

第四十四条 离婚案件涉及未成年子女抚养的，对不满两周岁的子女，按照民法典第一千零八十四条第三款规定的原则处理。母亲有下列情形之一，父亲请求直接抚养的，人民法院应予支持：

（一）患有久治不愈的传染性疾病或者其他严重疾病，子女不宜与其共同生活；

（二）有抚养条件不尽抚养义务，而父亲要求子女随其生活；

（三）因其他原因，子女确不宜随母亲生活。

120. 父母离婚之后，不直接抚养子女的一方应当承担抚养费吗？

倩倩的爸爸、妈妈离婚的时候，爸爸的经济条件更好，他说，倩倩的抚养费由他承担大部分，法院判决倩倩由爸爸抚养，并承担大部分抚养费。后来，倩倩的爸爸出了车祸，工作也没了，倩倩找到妈妈，希望妈妈承担抚养费。妈妈说："法院把你判给了你爸，找你爸去！"妈妈的说法正确吗？

《民法典》规定，离婚后，子女由一方直接抚养的，另一方应当负担部分或者全部抚养费。负担费用的多少和期限的长短，由双方协议；协议不成的，由人民法院判决。前款规定的协议或者判决，不妨碍子女在必要时向父母任何一方提出超过协议或者判决原定数额的合理要求。虽然法院判决倩倩由爸爸直接抚养，但是倩倩在必要时也有权向妈妈提出超过判决原定数额的合理要求。

《民法典》

第一千零八十五条 离婚后，子女由一方直接抚养的，另一方应当负担部分或者全部抚养费。负担费用的多少和期限的长短，由双方协议；协议不成的，由人民法院判决。

前款规定的协议或者判决，不妨碍子女在必要时向父母任何一方提出超过协议或者判决原定数额的合理要求。

121. 离婚后子女抚养费数额如何确定？

甲村的蒋大姐因无法忍受丈夫长期赌博的恶习，决定与其离婚。其与丈夫共同育有一女，蒋大姐想争取女儿的抚养权，但不知道之后以自己的经济实力是否可以养得起女儿。其丈夫在县里一家公司上班，每个月有 3000 元工资。蒋大姐找到县里的法律援助机构，咨询了如果女儿判给自己，丈夫每个月大概需要给女儿多少抚养费的问题。

根据法律法规的规定，抚养费的数额，可以根据子女的实际需要、父母双方的负担能力和当地的实际生活水平确定。有固定收入的，抚养费一般可以按其月总收入的 20%~30% 的比例给付。负担两个以上子女抚养费的，比例可以适当提高，但一般不得超过月总收入的 50%。无固定收入的，抚养费的数额可以依据当年总收入或者同行业平均收入，参照上述比例确定。有特殊情况的，可以适当提高或者降低上述比例。故在本案中，若蒋大姐取得女儿的抚养权，其丈夫应付的抚养费应该为600~900元。

最高人民法院《关于适用〈中华人民共和国民法典〉婚姻家庭编的解释（一）》

第四十九条 抚养费的数额，可以根据子女的实际需要、父母双方的负担能力和当地的实际生活水平确定。

有固定收入的，抚养费一般可以按其月总收入的百分之二十至三十的比例给付。负担两个以上子女抚养费的，比例可以适当提高，但一般不得超过月总收入的百分之五十。

无固定收入的，抚养费的数额可以依据当年总收入或者同行业平均收入，参照上述比例确定。

有特殊情况的，可以适当提高或者降低上述比例。

122. 离婚时，孩子由父亲抚养，但是父亲没有好好照顾孩子，母亲可以要回抚养权吗？

李佳才与陈爱晨（女）离婚后，独自抚养儿子李杜苗。后陈爱晨再婚，李佳才非常郁闷，养成了酗酒的坏习惯，对孩子不管不顾，还时常打骂孩子。一次陈爱晨带李杜苗出去玩儿，发现李杜苗身上的淤青，非常心疼，决心要回孩子的抚养权。她有权这么做吗？

我国法律规定，与子女共同生活的一方不尽抚养义务或有虐待子女行为，或者其与子女共同生活对子女身心健康确有不利影响的，另一方有权要求变更抚养关系。李佳才不尽抚养义务，还虐待儿子，陈爱晨可以向法院起诉，要回孩子的抚养权。

最高人民法院《关于适用〈中华人民共和国民法典〉婚姻家庭编的解释(一)》

第五十五条 离婚后，父母一方要求变更子女抚养关系的，或者子女要求增加抚养费的，应当另行提起诉讼。

第五十六条 具有下列情形之一，父母一方要求变更子女抚养关系的，人民法院应予支持：

……

(二)与子女共同生活的一方不尽抚养义务或有虐待子女行为，或者其与子女共同生活对子女身心健康确有不利影响；

……

123. 离婚后，由父亲作为监护人，后父亲出现无法担任监护人的情况的，母亲可否担任监护人？

李佳才痛改前非，好好照顾儿子，取得了前妻和儿子的原谅，继续保留对儿子的抚养权。然而，在一次车祸中，李佳才受了重伤，身体状况很差，无力再抚养儿子。陈爱晨再次提出由其抚养儿子。但是，李佳才的父母说，由他们来抚养孙子，坚决不把孩子送到陈爱晨手中。这种情况下，陈爱晨能获得儿子的监护权吗？

我国法律明确规定，父亲死亡、丧失行为能力或者有其他情形不能担任未成年子女的监护人的，母亲的监护权任何人不得干涉。李佳才受重伤，无力担任儿子的监护人，陈爱晨作为母亲，应当享有监护权，可以向法院申请变更抚养关系。李佳才的父母虽然是孩子的爷爷奶奶，也无权干涉。

《妇女权益保障法》

第七十条第二款 父亲死亡、无监护能力或者有其他情形不能担任未成年子女的监护人的，母亲的监护权任何组织和个人不得干涉。

最高人民法院《关于适用〈中华人民共和国民法典〉婚姻家庭编的解释（一）》

第五十六条 具有下列情形之一，父母一方要求变更子女抚养关系的，人民法院应予支持：

（一）与子女共同生活的一方因患严重疾病或者因伤残无力继续抚养子女；

……

124. 离婚后，不直接抚养子女的一方探望子女的权利如何行使？

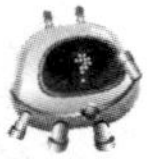

张甲（女）和唐乙结婚后育有一女。后二人因故离婚，女儿被判给唐乙抚养。但因唐乙对张甲仍心怀怨念，每次张甲欲探望女儿，都会被唐乙百般阻挠。唐乙这样的做法正确吗？

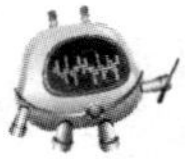

《民法典》规定，离婚后，不直接抚养子女的父或者母，有探望子女的权利，另一方有协助的义务。行使探望权的方式、时间由当事人协议；协议不成的，由人民法院判决。父或者母探望子女，不利于子女身心健康的，由人民法院依法中止探望；中止的事由消失后，应当恢复探望。故唐乙的做法不合法。张甲有探望子女的权利，唐乙应该协助张甲。

《民法典》

第一千零八十六条 离婚后，不直接抚养子女的父或者母，有探望子女的权利，另一方有协助的义务。

行使探望权利的方式、时间由当事人协议；协议不成的，由人民法院判决。

父或者母探望子女，不利于子女身心健康的，由人民法院依法中止探望；中止的事由消失后，应当恢复探望。

(七)生育自由

125. 妻子是否有权拒绝生育?

金波生女儿的时候大出血,身体非常虚弱,医生建议金波多休养几年再怀孕。但是,丈夫特别想要儿子,总是催促金波赶紧再怀孕生儿子。金波是否有权拒绝?

我国《妇女权益保障法》明确保护妇女的生育权,特别规定,妇女有不生育的自由。金波身体不好,不适宜马上怀孕,她为了自己的健康着想,有权拒绝丈夫的要求。

《妇女权益保障法》

第三十二条 妇女依法享有生育子女的权利,也有不生育子女的自由。

126. 婚姻关系存续期间,可以通过人工授精生育子女吗?

东东和西西(女)同为甲村村民。二人结婚后就开始备孕,但尝试了多年一直未能成功受孕。焦急的两家人带着他们去县城里的大医院做检查。医生检查后,根据他们的身体状况,提出了人工授精生育子女的建议。但东东的父亲思想比较保守,极力反对这件事,认为法律就应该禁止这种行为。东东父亲的说法正确吗?

根据我国法律的规定,婚姻关系存续期间,夫妻双方一致同意进行人工授精,所生子女应视为婚生子女。因此,法律允许夫妻双方通过人工授精生育子女，且这样生下的子女与一般婚生子女享有同样的权利义务。故东东父亲的说法不正确。

最高人民法院《关于适用〈中华人民共和国民法典〉婚姻家庭编的解释（一）》

第四十条 婚姻关系存续期间，夫妻双方一致同意进行人工授精，所生子女应视为婚生子女，父母子女间的权利义务关系适用民法典的有关规定。

127. 孕产妇可以接受哪些医疗保健服务？

小花怀孕后，第一次去县医院做产前检查。她对自己可以接受哪些医疗保健服务并不清楚，便向医院妇产科医生要了宣传手册进行了解。

根据《母婴保健法》及其实施办法的相关规定，医疗保健机构应当为育龄妇女和孕产妇提供孕产期保健服务。孕产期保健服务包括下列内容：（1）母婴保健指导：对孕育健康后代以及严重遗传性疾病和碘缺乏病等地方病的发病原因、治疗和预防方法提供医学意见。（2）孕妇、产妇保健：为孕产妇建立保健手册（卡），定期进行产前检查；为孕妇、产妇提供卫生、营养、心理等方面的咨询和指导以及产前定期检查等医疗保健服务；对高危孕妇进行重点监护、随访和医疗保健服务；为孕产妇提供安全分娩技术服务。（3）胎儿保健：为胎儿生长发育进行监护，提供咨询和医学指导。（4）新生儿保健：为新生儿生长发育、哺乳和护理提供医疗保健服务；定期进行产后访视，指导产妇科学喂养婴儿。（5）其他保健：提供避孕咨询指导和技术服务；对产妇及其家属进行生殖健康教育和科学育儿知识教育；其他孕产期保健服务。

《母婴保健法》

第十四条 医疗保健机构应当为育龄妇女和孕产妇提供孕产期保健服务。

孕产期保健服务包括下列内容：

（一）母婴保健指导：对孕育健康后代以及严重遗传性疾病和碘缺乏病等地方病的发病原因、治疗和预防方法提供医学意见；

（二）孕妇、产妇保健：为孕妇、产妇提供卫生、营养、心理等方面的咨询和指导以及产前定期检查等医疗保健服务；

（三）胎儿保健：为胎儿生长发育进行监护，提供咨询和医学指导；

（四）新生儿保健：为新生儿生长发育、哺乳和护理提供医疗保健服务。

《母婴保健法实施办法》

第十八条 医疗、保健机构应当为孕产妇提供下列医疗保健服务：

（一）为孕产妇建立保健手册（卡），定期进行产前检查；

（二）为孕产妇提供卫生、营养、心理等方面的医学指导与咨询；

（三）对高危孕妇进行重点监护、随访和医疗保健服务；

（四）为孕产妇提供安全分娩技术服务；

（五）定期进行产后访视，指导产妇科学喂养婴儿；

（六）提供避孕咨询指导和技术服务；

（七）对产妇及其家属进行生殖健康教育和科学育儿知识教育；

（八）其他孕产期保健服务。

128. 哪些情形下，医师负有对孕妇进行产前诊断的法定义务？

李大姐今年 38 周岁了。她怀孕后，全家上下都很上心，专门带她去县城最大的医院做产检。孕 16+2 周的时候，医生通知她免费的唐筛不能做了，建议进行产前诊断，但这是自费项目，需要支

付一定费用。李大姐心疼钱，觉得是医院在变相收费，不愿意做。医生对其耐心劝阻，并向其介绍了一般需要对孕妇进行产前诊断的情况。

根据《母婴保健法》及其实施办法的相关规定，医生发现或者怀疑胎儿异常的，应当对孕妇进行产前诊断。具体情况包括：（1）羊水过多或者过少的；（2）胎儿发育异常或者胎儿有可疑畸形的；（3）孕早期接触过可能导致胎儿先天缺陷的物质的；（4）有遗传病家族史或者曾经分娩过先天性严重缺陷婴儿的；（5）初产妇年龄超过 35 周岁的。

《母婴保健法》

第十七条 经产前检查，医师发现或者怀疑胎儿异常的，应当对孕妇进行产前诊断。

《母婴保健法实施办法》

第二十条 孕妇有下列情形之一的，医师应当对其进行产前诊断：

（一）羊水过多或者过少的；

（二）胎儿发育异常或者胎儿有可疑畸形的；

（三）孕早期接触过可能导致胎儿先天缺陷的物质的；

（四）有遗传病家族史或者曾经分娩过先天性严重缺陷婴儿的；

（五）初产妇年龄超过 35 周岁的。

129. 贫困妇女生育有困难的，可以向谁寻求救助？

甲村的张小花是独生女，与同村陈大树结婚。因张小花患有重大疾病，不仅需要长期支付高额医疗费用，还几乎没有劳动能力。

后张小花怀孕，但陈大树在一次意外事故中受意外伤导致二级残疾。现在张小花已经怀孕 28 周，她很担心自己因为支付不起生育医疗费用而不能顺利生产。像张小花这样的贫困妇女可以向谁寻求救助呢？

根据《妇女权益保障法》的规定，地方各级人民政府和有关部门应当为贫困妇女提供必要的生育救助。具体而言，生育救助属于社会救助的工作范围，应当以各级人民政府为主导来开展；在各级人民政府中，卫生部门、民政部门、人口和计划生育部门是具体组织实施救助的行政机关。这种"必要"的生育救助保障贫困妇女在生育中得到最基本的生育医疗条件、生育指导和最低生活帮助。

《妇女权益保障法》

第五十一条第三款 地方各级人民政府和有关部门应当按照国家有关规定，为符合条件的困难妇女提供必要的生育救助。

（八）收养

130. 父母能够将自己的女儿送给别人抚养吗？

贾仁义的妻子生了一个女儿，但他想要儿子，不想抚养女儿，于是，他决定背着妻子把女儿送给村里没有孩子的一对夫妻抚养。贾仁义有权这样做吗？

我国《民法典》规定，只有三种人或者组织可以送养：(1) 孤儿的监护人；(2) 儿童福利机构；(3) 有特殊困难无力抚养子女的生父母。贾仁义并不属于上面的三种情况，所以，他不能将女儿送给别人抚养。此外，我国法律规定，生父母送养子女的，应当共同送养。即使贾仁义夫妻有特殊困难，无力抚养女儿，贾仁义也不能背着妻子这么做。

《民法典》

第一千零九十四条 下列个人、组织可以作送养人：

（一）孤儿的监护人；

（二）儿童福利机构；

（三）有特殊困难无力抚养子女的生父母。

第一千零九十七条 生父母送养子女，应当双方共同送养。生父母一方不明或者查找不到的，可以单方送养。

131. 收养女童的，有什么具体规定？

陆路今年45岁，是一个乡村企业家，由于忙工作，一直没有结婚，也没有孩子，他觉得自己事业有成，但是孤苦伶仃，决定收养一个10岁的女孩小苹果共同生活。陆路可以收养小苹果吗？

我国《民法典》规定，收养人应当同时具备下列条件：(1)无子女或者只有一名子女；(2)有抚养、教育和保护被收养人的能力；(3)未患有在医学上认为不应当收养子女的疾病；(4)无不利于被收养人健康成长的违法犯罪记录；(5)年满30周岁。如果是收养女童的，还要收养人与被收养人的年龄应当相差40周岁以上。陆路作为男性，虽然具备了收养子女的条件，但是他与小苹果相差35岁，不足40周岁，所以陆路不能收养小苹果。

《民法典》

第一千零九十八条 收养人应当同时具备下列条件：

（一）无子女或者只有一名子女；

（二）有抚养、教育和保护被收养人的能力；

（三）未患有在医学上认为不应当收养子女的疾病；

（四）无不利于被收养人健康成长的违法犯罪记录；

（五）年满三十周岁。

第一千一百条 无子女的收养人可以收养两名子女；有子女的收养人只能收养一名子女。

收养孤儿、残疾未成年人或者儿童福利机构抚养的查找不到生父母的未成年人，可以不受前款和本法第一千零九十八条第一项规定的限制。

第一千一百零二条 无配偶者收养异性子女的，收养人与被收养人的年龄应当相差四十周岁以上。

八、法律责任

132. 妇女的合法权益受到侵害的，有哪些救济途径？

妇女自身必须有依法维护自身权利的意识，当自身的合法权益受到侵害时，要积极向有关部门投诉，要求有关部门依法处理。这里的有关部门是指与侵权事件有关的主管部门。

妇女还可以向仲裁机构申请仲裁，如劳动仲裁、农村土地承包经营权仲裁；或申请调解。

妇女还可以直接向法院起诉，维护自己的合法权益。

妇女还可以向妇女组织投诉，请求维护自己的合法权益。妇女组织包括各级妇联，村、乡镇等妇女代表会，以及工会中的女职工组织等。

《妇女权益保障法》

第七十二条第二款 妇女的合法权益受到侵害的，有权要求有关部门依法处理，或者依法申请调解、仲裁，或者向人民法院起诉。

第七十三条第一款 妇女的合法权益受到侵害的，可以向妇女联合会等妇女组织求助。妇女联合会等妇女组织应当维护被侵害妇女的合法权益，有权要求并协助有关部门或者单位查处。有关部门或者单位应当依法查处，并予以答复；不予处理或者处理不当的，县级以上人民政府负责妇女儿童工作的机构、妇女联合会可以向其提出督促处理意见，必要时可以提请同级人民政府开展督查。

133. 对经济困难需要法律帮助的妇女，法律有哪些具体规定？

吴月（女）经常受丈夫打骂，她想要到法院告丈夫，但是她没有钱，怕打不赢官司，根据我国法律，像吴月这样有经济困难的妇女可以寻求哪些帮助？

我国《妇女权益保障法》规定，对有经济困难需要法律援助或者司法救助的妇女，当地法律援助机构或者人民法院应当给予帮助，依法为其提供法律援助或者司法救助。

法律援助，是指对于经济困难的公民给予必要的法律服务，包括法律咨询、代理、刑事辩护等无偿法律服务。

司法救助，是指人民法院对于当事人为维护自己的合法权益，向人民法院提起民事、行政诉讼，但经济确有困难的，实行诉讼费的缓交、减交、免交制度。

此外，妇女组织对于受害妇女进行诉讼需要帮助的，应当给予支持。

吴月可以申请法律援助，也可以申请妇女组织的诉讼帮助，在诉讼费方面也会享受一定的减免。

《妇女权益保障法》

第七十二条第三款 对符合条件的妇女，当地法律援助机构或者司法机关应当给予帮助，依法为其提供法律援助或者司法救助。

第五十四条第一款 妇女组织对于受害妇女进行诉讼需要帮助的，应当给予支持。

134. 在农村集体经济组织中权益受到侵害的妇女，可以如何维护自己的权益？

杨菲菲（女）结婚之后，村里强行收回其农村土地承包经营权，杨菲菲认为该行为违法。她应该如何维护自己的合法权益呢？

根据《妇女权益保障法》的规定，杨菲菲的土地承包经营权遭到侵害的，可以有三种维权渠道：(1)由乡镇人民政府调解。(2)向农村土地承包仲裁机构申请仲裁。(3)向人民法院起诉。

《农村土地承包法》

第五十七条 发包方有下列行为之一的，应当承担停止侵害、排除妨碍、消除危险、返还财产、恢复原状、赔偿损失等民事责任：

……

（七）剥夺、侵害妇女依法享有的土地承包经营权；

……

135. 妇女权益遭到侵害，侵害人已经被国家处罚，妇女还能要求侵害人赔偿吗？

范玲遭到丈夫的虐待、殴打，丈夫已经被判定为虐待罪，受到了刑事处罚。范玲为了治疗身体花费了很多费用，她可以要求丈夫赔偿吗？

我国《妇女权益保障法》规定，侵犯妇女合法权益的，可能会受到行政处罚，承担民事责任，被追究刑事责任。上述三种责任并不冲突。范玲的丈夫犯虐待罪，受到刑事处罚，并不影响他对范玲承担民事责任，范玲可以要求丈夫赔偿。

《妇女权益保障法》

第八十五条 违反本法规定，侵害妇女的合法权益，其他法律、法规规定行政处罚的，从其规定；造成财产损失或者人身损害的，依法承担民事责任；构成犯罪的，依法追究刑事责任。

136. 有关部门对妇女关于权益受到侵害提出的申诉等不予处理或打击报复当事人的，承担什么责任？

黄玲玲（女）受到车间主任的性骚扰，她多次向分管厂领导举报，分管厂领导不但不解决，反而认为是黄玲玲多事，处处给她“穿小鞋”。分管厂领导的行为将受到什么处罚？

我国《妇女权益保障法》规定，接到妇女申诉、控告、检举的，任何机关、组织和企事业单位都要认真对待，不能推诿、拖延、压制不予处理，更不能打击报复。对于分管厂领导的行为，应该由其所在单位责令更正。

《妇女权益保障法》

第八十四条第一款 违反本法规定，对侵害妇女权益的申诉、控告、检举，推诿、拖延、压制不予查处，或者对提出申诉、控告、检举的人进行打击报复的，依法责令改正，并对直接负责的主管人员和其他直接责任人员给予处分。

137. 国家机关及其工作人员未依法履行职责，对侵害妇女权益的行为未及时制止或者未给予受害妇女必要帮助的，承担什么责任？

徐江总是遭到丈夫的殴打，这一天情形特别恶劣，徐江只能报警；警察接到报警之后认为是小两口闹脾气，“床头吵架床尾和”，不予出警，后来徐江被丈夫打成轻伤。对此，警察是否应当承担责任？

《妇女权益保障法》规定，国家机关及其工作人员依法承担维护妇女权益的职责，对于侵害妇女权益的行为应当及时制止，并对受害妇女给予必要的帮助。如果其没有这样做，造成严重后果的，由其所在单位或者上级机关依法对直接负责的主管人员和其他直接责任人员给予行政处分；情节严重构成犯罪的，还要依法追究行为者的刑事责任。警察接到徐江遭受家庭暴力的报警，不予出警，造成徐江受轻伤的严重后果，应当接受其所在单位或者上级机关的行政处分。

《妇女权益保障法》

第八十四条第二款 国家机关及其工作人员未依法履行职责，对侵害妇女权益的行为未及时制止或者未给予受害妇女必要帮助，造成严重后果的，依法对直接负责的主管人员和其他直接责任人员给予处分。

138. 违反《妇女权益保障法》的规定，侵害妇女合法权益的，承担什么责任？

某教育局局长不履行职责，导致多名女童失学且没有完成义务教育，后上级部门经检查发现，该教育局局长应当承担什么责任？

根据我国《妇女权益保障法》的规定，侵害妇女六大权益的，由其所在单位、主管部门或者上级机关责令改正，直接负责的主管人员和其他直接责任人员属于国家工作人员的，由其所在单位或者上级机关依法给予行政处分。某教育局局长侵害了这些女童的受教育权，依法应当受到行政处分。

《妇女权益保障法》

第八十四条第三款 违反本法规定，侵害妇女人身和人格权益、文化教育权益、劳动和社会保障权益、财产权益以及婚姻家庭权益的，依法责令改正，直接负责的主管人员和其他直接责任人员属于国家工作人员的，依法给予处分。

实用工具

（1）婚前财产协议

协议人（甲方）：________________

协议人（乙方）：________________

甲、乙双方经自由恋爱，（将）于_________年____月____日办理结婚登记手续；双方愿共同生活。为防止今后可能出现的婚前财产纠纷，现双方理智地协商，就婚前财产达成如下协议：

1. 婚前财产范围。

1.1 甲方的婚前财产有：_____________________

1.2 乙方的婚前财产有：_____________________

1.3 甲、乙双方的共同财产有：________________

2. 婚前财产的权利归属。

2.1 甲、乙双方婚前财产的所有权归双方各自所有。若发生离婚等情形致婚姻关系终止，任何一方不得对另一方的婚前财产主张所有权。

2.2 甲、乙双方对各自的婚前财产享有自由处分的权利，关于一方如何使用、处置（包括出租、转让、赠与他人、变卖等），完全由产权所有方独自决定，另一方不得以任何理由加以干涉。

2.3 甲、乙双方对各自所有财产进行处置（包括出租、转让、赠与他人、变卖等）所产生的权益归各自所有，甲、乙双方各自所有财产所产生的孳息如房屋租金均由各自所有。

2.4 双方为建立家庭共同出资购置的财产归甲、乙双方共同共有。若发生离婚等情形致婚姻关系终止，双方按照法律规定对此部分财产进行分割。

2.5 甲、乙双方婚前各自产生的债务由各自独立承担，另一方不承担清偿责任。

3. 本协议为甲、乙双方的真实意思表示，经甲、乙双方签字后生效，即对甲、乙双方具有法律约束力，甲、乙双方应严格遵照履行。

4. 关于签订和履行本协议或与本协议有关的一切争议，甲、乙双方均应友好协商；协商不成的，可依法向人民法院提起诉讼。

5. 本协议一式两份，均为清洁打印文本；甲、乙双方签字后各自留存一份。

甲方：　　　　　　　　乙方：

日期：　　　　　　　　日期：

（2）离婚协议

男方：×××（写明身份证号、籍贯、职业或者工作单位和职务、住址）

女方：×××（写明身份证号、籍贯、职业或者工作单位和职务、住址）

男女双方于________年____月____日在____婚姻登记部门办理结婚登记手续，结婚证号码______。婚后于________年____月____日生育一子/女__。双方自愿离婚，就子女抚养、财产及债务处理等达成如下协议：

一、子女抚养、抚养费及探望权

1. 子/女__由男/女方抚养，随同男/女方生活，抚养费由双方分摊。女/男方每月支付子女抚养费（包括医疗费、教育费、保险费）____元，女/男方应于每月5日前将子女的抚养费转账到男/女方指定的____银行账户内，账号：____。本条约定的抚养费，仅指一般的生活和教育费用。如子女因特殊情况需要有重大支出，除紧急情况外，由双方协商确定支付比例。

2. 抚养费支付到子女年满18周岁；超过18周岁之后，确实有必要支付抚养费时，双方协商确定数额和支付时间。

3. 直接抚养子女的一方应悉心照料子女，不得有虐待、遗弃、家庭暴力等行为。

4. 不直接抚养子女的一方，可以在不影响子女学习、生活的情况下，探望子女____次，但应提前通知另一方，也可以到学校探望；上学期间，每周可以与子女共同生活____天，寒暑假可以共同生活____天，直接抚养子女的一方有协助的义务。

5. 男女双方任何一方对子女身心健康有损害行为的，将视为放弃抚养、教育的权利和义务，另一方有权要求变更直接抚养权或中止、取消探望权。

二、夫妻共同财产的处理

1. 房产

（1）位于____位置的住房，系双方共同所有，价值人民币____元（包括房内装修、家具、电器等附属设施）。经协商，双方确定住房的所有权归男 / 女方所有，房屋过户所产生的相关费用由男 / 女方承担。放弃产权的一方自离婚之日起有义务协助得到产权一方办理产权过户、产权登记等手续。

（2）得到产权的一方补偿放弃产权一方____元，在签订协议当天补偿放弃产权的一方____元，办理离婚登记当天支付____元，剩余款项在离婚后____日内支付。

2. 存款

双方名下现有银行存款共____元；双方各分一半，为____元。分配方式：各自名下的存款保持不变，但男 / 女方应于________年____月____日前一次性支付____元给女 / 甲方。

3. 汽车

夫妻共有的车牌号为____的汽车，现登记在____名下，双方同意该车辆归男 / 女方所有，取得车辆的一方补偿没有取得车辆的一方____元，于________年____月____日前付清。

4. 个人财产

男女双方婚前个人财产归各自所有，婚后的个人生活用品及个人首饰归各自所有。

三、关于夫妻债权债务的约定

夫妻双方没有共同的债权债务，夫妻各自名下的债权债务由各自享有及承担。

四、关于隐瞒、虚报、转移婚内共同财产的约定

双方承诺，在签订本协议时没有隐瞒、虚报、转移婚内共同财产；如有上述行为，自愿放弃该财产。

五、违约条款

1. 本协议双方自愿履行；任何一方违反本协议，均自愿赔偿对方____元。

2. 离婚后，一方不得干扰另一方的生活，不得向第三方泄露另一方的个人隐私，不得恶意损害另一方的名誉，否则承担违约金____元。

3. 本协议一式三份，男女双方各执一份，婚姻登记部门保留一份。

4. 如本协议生效后在执行中发生争议，双方应该协商解决；协商不成的，任何一方可以向人民法院提起诉讼。

男方：　　　　　　　　　　女方：

　　年　　月　　日　　　　　　年　　月　　日

(3)民事起诉状

原告:×××(写明姓名、性别、年龄、民族、身份证号、籍贯、职业或者工作单位和职务、住址)

被告:×××(写明姓名、性别、年龄、民族、身份证号、籍贯、职业或者工作单位和职务、住址)

诉讼请求:(写明具体的问题和请求,可以列举为一、二、三,例如,"判决原告与被告离婚""婚生子女由原告抚养,被告支付抚养费____元""夫妻共同财产依法做如下分割""被告一次性支付经济补偿金____元给原告""被告一次性支付精神损害赔偿金____元给原告")。

事实和理由:(写明诉讼请求的依据,包括时间、地点、经过、证人等。例如,陈述结婚、子女出生的具体时间,婚后遭遇家庭暴力或者对方转移财产等具体情况)。

证据和证据来源:(包括文字记录、录音录像、证人、聊天记录、报警记录、医疗证明等)。

此致

××人民法院

具状人(起诉人):(签字或者盖章)

年　　月　　日

（4）人身安全保护令申请书

申请人：________，女，________年____月____日生，汉族，户籍________。暂住申请人父母家。

被申请人：________，男，________年____月____日生，汉族，户籍____________。现住____________。

申请事项：

请求人民法院依法签发人身安全保护令

1. 禁止被申请人殴打、威胁申请人及申请人的亲属；

2. 禁止被申请人骚扰、跟踪申请人及申请人的亲属。

事实与理由：

申请人诉被申请人离婚纠纷一案，已经为贵院受理。起诉前，被申请人多次殴打申请人。后，申请人和被申请人开始分居。现在，被申请人多次到申请人单位无故吵闹。且晚上下班后，到申请人居住处纠缠，严重影响申请人及父母的正常生活。上次开庭后，被申请人依然我行我素，对于法院的警告不予理睬，继续发短信威胁及恐吓申请人。

（其他理由可以罗列）

申请人故依法向人民法院申请上述人身安全保护令。请依法审查批准！

此致

××人民法院

申请人：

年　　月　　日

（5）维权热线、网站

公安报警电话：110

妇联维权热线：12338

法律援助热线 / 网站：12348/http://www.12348.gov.cn/#/homepage

各地社会救助服务热线：http://hotline.treeyee.com/